対人関係能力を育てるクラスワイドの実践

実践！ソーシャルスキル教育

幼稚園 保育園

佐藤正二 編

図書文化

まえがき

　本書は,『実践！　ソーシャルスキル教育　小学校編——対人関係能力を育てる授業の最前線』(図書文化社, 2005年),『実践！　ソーシャルスキル教育　中学校編——対人関係能力を育てる授業の最前線』(図書文化社, 2006年)の姉妹編として刊行された。

　本書のテーマとなっている幼稚園・保育園におけるソーシャルスキル教育(SSE)は,小学校や中学校で実践されているソーシャルスキル教育と比較すると,その実践は大きな広がりをみせていないのが現状である。これまでに我が国で出版された書籍を調べてみても,小学校や中学校での実践書は多く出版されているけれども,幼稚園・保育園での実践をまとめた書籍はほとんど目にすることがない。これが幼稚園・保育園でソーシャルスキル教育の実践が広がりをみせない理由の1つになっていると考えられる。小学校・中学校と同様に幼稚園・保育園でもソーシャルスキル教育の実践を広げていくために,幼稚園・保育園でのソーシャルスキル教育の実践事例をまずは広く紹介していきたい。これが本書を世に出そうとした理由の1つである。

　さらにもう1つ理由がある。子どもの社会性あるいは対人関係の発達と社会的適応に関する研究が進むにつれて,幼児期の社会性,対人関係の発達や社会的適応のあり方が,後の子どもの健全な発達に大きな影響を与えていることが明らかになってきている。そこで改めて幼児期の子どもの社会性や対人関係に対する早期介入の必要性が指摘されるようになってきた。例えば,本書でも触れられている小1プロブレムや学校レディネスといった問題には,ソーシャルスキルの不足が大きく関与していることが指摘されている。また,児童期青年期の問題行動に目を向けてみても,その問題が幼児期のソーシャルスキルとかかわって始まるとする研究が多く報告されている。こうした研究成果を踏まえるならば,幼児期こそ良好な社会性や対人関係の育成をめざすソーシャルスキル教育を実施するための最適の時期であるといえる。この時期にソーシャルスキル教育の実践を活性化させるためには,モデルとなる教育プログラムの実践事例を提案する必要がある。これが本書を企画したもう1つの,そして最も大きな理由である。

　本書では,学級を1つの単位としたソーシャルスキル教育を中核に据えている。第Ⅰ部に取り上げられている宮崎大学教育文化学部附属幼稚園の実践は,平成15年度からスタートし,現在では年少児から年長児までの幼児がソーシャルスキルの学習に取り組んでいる息の長い実践である。小学校や中学校での実践と同じく,担任教師が実践の担い手となっているが,この幼稚園では保護者も協力者として参加するユニークな実践スタイルを採用

している。ここに掲載されている指導案をはじめとする各種指導資料，これまでの実践の研究成果は，これから実践しようとする教師，保育士には大いに参考になると思う。ぜひ活用していただきたい。第Ⅱ部に紹介されている保育園での実践には，保育士が指導したケースと大学の研究スタッフが指導したケースがあるが，いずれの実践も，ソーシャルスキルの獲得に成功している点は，幼稚園の実践と同様である。また，幼稚園での実践もそうであるが，ソーシャルスキル教育の効果を教師の単なる主観ではなく，具体的なデータで示そうとしている点にも注目していただきたい。第Ⅲ部は，引っ込み思案，攻撃性，発達障害など幼稚園・保育園でよく見かける特徴をもった幼児に対して個別のソーシャルスキル指導を試みた事例の成果が報告されている。こうした幼児への個別指導は，学級単位で行うソーシャルスキル教育（SSE）というよりも，ソーシャルスキルトレーニング（SST）と呼ばれることが多い。

　本書は幼稚園・保育園のソーシャルスキル教育の最前線からの報告であるだけに，実践上の課題や改良を必要とする点も多く含まれている。例えば，各章で取り上げられているそれぞれの実践は著者自身の実践であって，その実践の成果が他の幼稚園や保育園でも同じように示されるかどうかは十分に明らかにされているわけではない。ソーシャルスキル教育が確実な成果を上げていくためには，追試が必要である。それぞれの章で取り上げられているテーマとその成果をぜひ追試していただきたい。

　はじめに指摘したように，幼稚園・保育園のソーシャルスキル教育の実践は，欧米でも我が国でも確実な成果が得られているが，実践報告の数が圧倒的に少ない。幼稚園・保育園のソーシャルスキル教育の成果を明確に示すために，客観的な証拠（エビデンス）に基づいた評価を取り入れながら，多くの幼稚園・保育園で実践されることを期待したい。本書がそのための一助になれば幸いである。

　最後に本書の出版にあたって図書文化社出版部の渡辺佐恵氏に惜しみないご支援を頂いた。記して心より感謝申し上げたい。

平成27年9月

佐藤正二

CONTENTS

実践！ ソーシャルスキル教育　幼稚園・保育園

はじめに

1. 幼児期のソーシャルスキル教育 — 8
2. ソーシャルスキルのアセスメント — 22

第I部　幼稚園でのソーシャルスキル教育

1. 宮崎大学教育文化学部附属幼稚園での実践：もくせいの時間について — 34
2. 幼稚園におけるソーシャルスキル教育のプログラム — 40
   - 3歳児（年少児）学級での実践 — 44
   - 4歳児（年中児）学級での実践 — 52
   - 5歳児（年長児）学級での実践 — 62
3. 幼稚園におけるソーシャルスキル教育の効果 — 92

第II部　保育園でのソーシャルスキル教育

1. 保育園におけるソーシャルスキル教育の実践 — 106
2. 保育園における「セカンドステップ」の評価 — 116

第III部　幼児への個別のソーシャルスキル教育

1. 引っ込み思案を示す幼児へのソーシャルスキル指導 — 126
2. 攻撃的な行動を示す幼児へのソーシャルスキル指導 — 136
3. 発達障害が疑われる幼児へのソーシャルスキル指導 — 146

はじめに

1 幼児期のソーシャルスキル教育

佐藤正二

第1節 幼児期の子どものソーシャルスキルと社会的適応

　今日,少子化,核家族化,都市化が進むにつれて,家庭や地域社会での子どもの人間関係は希薄になってきており,日常生活において人とのかかわり方を学ぶ機会が減少してきたと言われている。家庭においては家族の人数も家族と一緒に過ごす時間も少なくなり,家族から人づきあいのコツを教えてもらったり,人とのかかわり方の良し悪しについて意見をもらう機会も減っている。また,兄弟数も減り,兄弟間で対立や葛藤を経験したり,対立や葛藤の収め方を学ぶチャンスも少なくなっている。さらには,仲間同士でじゃれ合って遊んだり,年齢の異なる子どもたちが一緒に遊んでいる光景を目にすることもやはり少なくなっている。このように対人関係のコツを自然と学べるネットワークがどんどん縮小の方向に向かうにつれて,子どものメンタルヘルスの問題が増加するようになってきている。そこで改めて子どもの対人関係を向上させる方法について考えてみたい。

1 ソーシャルスキルとは何か

(1) 対人関係を円滑に運ぶためのスキル

　ソーシャルスキルとは,対人関係を円滑に運ぶための知識とそれに裏打ちされた具体的な技術やコツの総称である。このように述べてもなかなかソーシャルスキルの具体像が浮かび上がらないと思われる。そこで相川（2000）によるソーシャルスキルの定義を紹介したい。相川（2000）は,これまでのソーシャルスキルの定義を詳細に検討し,ソーシャルスキルの概念に含まれる要素を次のようにまとめている。

　すなわち,以下のとおりである。

①ソーシャルスキルは，具体的な対人場面で用いられるものである。
②ソーシャルスキルは，対人目標を達成するために使われるものである。対人目標とは，当該の対人場面から手に入れたいと思う成果のことである。
③ソーシャルスキルは，「相手の反応の解読」または「対人目標の決定」に始まり，「対人反応の決定」や「感情のコントロール」を経て，「対人反応の実行」に至るまでの認知過程および実行過程のすべてをさす概念である。
④ソーシャルスキルは，言語的ないしは非言語的な対人反応として実行される。この実行過程が他者の反応を引き起こす。
⑤ソーシャルスキルについての他者からの評価は，主に実行過程に関して，効果性と適切性の観点から行われる。
⑥ソーシャルスキルは，他者の反応と自分自身の反応をフィードバック情報として取り入れ，変容していく自分と他者との相互影響過程である。
⑦ソーシャルスキルの各過程は，具体的に記述することができ，また，各過程の不足や過多，あるいは不適切さは，特定することができる。
⑧ソーシャルスキルは，不慣れな社会的状況や新しい対人反応の実行時には，意識的に行われるが，熟知した状況や習熟した対人反応の実行時には，自動化している。
⑨ソーシャルスキルは，社会的スキーマの影響を受ける。

（2）ソーシャルスキルは学習によって身につく

　相川（2000）の定義は，ソーシャルスキルの生起過程をうまく表現しており，ソーシャルスキルの定義として最もコンセンサスを得やすいものである。ただし，この定義に次の2つの点を加えたい。
①ソーシャルスキルは学習によって獲得される。
②ソーシャルスキルの実行は，社会的強化（周囲の環境から与えられる肯定的反応）を最大にするものである。

　新たに加えた2つの点は，これから説明するソーシャルスキル教育（以下，SSEとする）の重要な理論的根拠になっているものである。つまり，ソーシャルスキルは，学習によって身につくという考え方に立つと，対人関係のまずい子どもは，これまでにソーシャルスキルを学習してこなかったか，あるいは不適切な対応の仕方を学習してきたのだととらえられる。そうであれば，対人関係のまずさを改善するためには，新たにソーシャルスキルを学習すればよいし，間違った対応の仕方を学習しているのであれば，それを適切な形に学習し直せばよいということになる。また，ソーシャルスキルの実行には周囲の環境から与えられる肯定的反応（社会的強化）が随伴されなければならないという考え方の中

には，周囲の承認やほめ言葉，ごほうびがもたらされるものでなければソーシャルスキルとは言わないという意味が込められている。このような考え方に基づいて，ソーシャルスキルの学習の場を意図的，積極的に設定しようとするのがSSEである。

② ソーシャルスキルと社会的適応

（1）幼児期の重要性

　幼稚園・保育園に入ると，仲間同士のやりとりが子どもたちの間で頻繁に行われるようになる。幼児期が，人とのかかわりを円滑に進めるために必要なソーシャルスキルを身につけるうえで，とても大切な時期であることは，繰り返し強調されている（Rubin, Bukowski, & Parker, 2006）。しかし，子どもたちの中には，ソーシャルスキルを効果的かつ円滑に獲得できない子どももかなりの割合でいることが指摘されている（McCabe & Altamura, 2011）。このことは，仲間の無視や拒否，あるいはいじめへのリスクを高めたり（Bornstein, Hahn, & Haynes, 2010），攻撃的行動や逸脱行動といった外在化問題行動や引っ込み思案行動，うつ，不安といった内在化問題行動を示すようになり，重篤であれば，青年期での非行のリスクを高めるとの報告もある（Dunlap et al., 2006）。

（2）小学校における問題行動への影響

　ソーシャルスキルと社会的適応との関係が深いことは，我が国においても見いだされている。例えば，前田（1997）は，幼稚園の年長児の時点（11月）と小学1年生の時点（12月）にかけての子どもの社会的行動特徴の関係を縦断的に検討している。年長児時点から小学1年生の時点にかけて学級編成が行われ，1年生では異なる仲間集団の中で生活していたにもかかわらず，各地点で測定された社会的行動特徴の得点（仲間による評定）の縦断的相関係数は，社会的コンピテンスで.48，引っ込み思案で.65，攻撃性で.69という高い値を示していた。このことは，幼児のソーシャルスキルや引っ込み思案，攻撃性といった行動特徴が小学校に入学した後でも安定して残ってしまうことを示している。

　もっと長い時間的間隔で調査した場合はどうなるのだろうか。新屋・髙橋・佐藤（2014）は，幼稚園年長児の時点で教師評定によって測定されたソーシャルスキルと問題行動（内在化問題行動，外在化問題行動）と，その子が小学5年生になった時点での自己評定によるソーシャルスキルと抑うつとの関係を縦断的に調査した。その結果，幼児期に「決まりを守る」「自分の順番を待つことができる」「教師の指示に従う」等の協調スキルが高かった子どもは，小学5年生時点でのソーシャルスキル（規律性スキル，仲間強化スキル，葛藤解決スキル，先生との関係スキル）の得点が高く，抑うつ得点が低いことが見いだされた。また，幼児期に自分の気持ちをコントロールできると評価された子どもは，

小学5年生の時点で、主張性スキルや社会的働きかけスキルといったソーシャルスキルの得点が高かった。新屋ら（2014）の研究は、幼児期のソーシャルスキルがその後かなり長期的に維持されていることを明らかにしている。

前田（1997）と新屋・髙橋・佐藤（2014）の縦断的研究の結果から、ソーシャルスキルがかなり年少の時期に獲得され、その後長期にわたって維持されることが明らかにされており、できるだけ早い時期からのソーシャルスキル教育の必要性が示唆される。

(3) 小学校における社会的適応への影響

一方、ソーシャルスキルが早期に獲得された場合の利点も指摘されている。例えば、グレシャムとエリオット（2014）によれば、協調すること、ルールを守ること、他者と上手につきあえることなどのソーシャルスキルが、良好な教室環境をつくるのに役立つと報告している。また、ソーシャルスキルを高め、反社会的、妨害的な行動を抑制することができれば、学級内での仲間の受容が高まり、やる気が増進され、学業成績が上がることも確認されている（Wentzel, 2009）。さらに、幼児期に始まる縦断的研究の結果によると、保育園・幼稚園で仲間関係が良好な子どもは、小学校にあがってからの社会的適応や学習面での適応がよいことが報告されている（Ladd et. al., 1996）。

これらの研究から、ソーシャルスキルは、問題行動をはじめとして、教室環境や仲間の受容、学業成績にまで持続的な影響を与えていることがわかる。よって、社会的適応の促進または改善に目を向けるなら、早期介入をめざして幼児期からソーシャルスキルの獲得をめざした取り組みが必要となるであろう。

③ ソーシャルスキルと小1プロブレム

(1) 小1プロブレムの現状

これまでに述べてきた社会的適応とも関連するが、我が国でここ十数年の間に取りあげられることが多い小1プロブレムの問題を、ソーシャルスキルの視点から触れてみたい。

小1プロブレムとは、小学校に入学したばかりの1年生が、集団行動がとれない、授業中に座っていられない、先生の話を聞かない、など学校生活になじめない状態が続くことをいう。従来、入学後1か月もすると、子どもたちは新しい学校生活に慣れて、落ち着きを取り戻していたが、昨今では、1か月をかなり過ぎてもなお落ち着かない状態が継続することがあるという。

東京学芸大学による小1プロブレムに関する全国調査（市区町村教育委員会を対象）(2010)によると、1156件の実に4割の回答地域で現在および過去に小1プロブレムが発生していることが確認された。また、小1プロブレムが発生する理由として多くあげられ

たのは,「家庭におけるしつけが十分でない」「児童が自分をコントロールする力が身についていない」「発達障害をもつ児童への対応が困難である」「人間関係が希薄になっている」などであった。

　こうした理由を整理してみると,家庭のしつけの問題も発達障害をもつ児童の対応の困難さも,基本的には子どもの自己コントロールの力や対人関係のもち方が十分に育っていないこと,別の言い方をすると,子どもたちの自己コントロール能力や対人関係能力が小学校生活を送るのに必要なレベルに達していない,あるいはまだ準備できていないことが小1プロブレムの原因になっているように思われる。

(2) 学校レディネスとしてのソーシャルスキル

　この小1プロブレムの現象をソーシャルスキルの視点からみていると,古くから教育心理学の領域で語られてきた「学校レディネス」,つまり,学校生活に適応するための準備状態という考え方が浮かんでくる。実は,この学校レディネスは,今欧米の研究者によって注目されている。ある調査によると,アメリカの幼稚園教師の46％が,担任している学級の半分以上の子どもの学校レディネスができていないと感じているという。おそらく我が国で同様の調査をしても,これと類似の結果が出てくるのではないかと思われる。

　それでは学校レディネスとはどのような要素から成り立っているのだろうか。ウェブスター・ストラットンら（Webster-Stratton, Reid, & Stoolmiller, 2008）によれば,学校レディネスは,

　1）気持ちをコントロールする力（セルフコントロール）
　2）対人関係を円滑に保つ力（ソーシャルスキル）
　3）攻撃行動,妨害行動,不注意などの行動上の問題がないこと
　4）親－教師の信頼関係があること

から構成されており,この学校レディネスから将来の学業成績や学校適応を予測できると言われている。学校レディネスという言葉からは,知的な能力あるいは初歩の読み書きスキルのレディネスをさすような印象を受けるが,実は,社会性あるいは対人関係能力のレディネスのウエイトが高いのである。

　学校レディネスの構成要素を見ると,小1プロブレムの現象として現れている行動のかなりの部分が,この構成要素と重なっている。つまり,小1プロブレムを引き起こしている原因として,教師や仲間と円滑な関係を保つためのソーシャルスキルの獲得が年齢相応に準備されていないこと,自分の気持ちを抑制したり,時には勇気を出して自分の気持ちを奮い立たせて自己表現するといった感情のセルフコントロール能力が年齢相応に備わっていないこと,ソーシャルスキルやセルフコントロールのスキルがうまく働かないために

生じる攻撃行動，妨害行動，不注意といった行動上の問題が出現していることなどをあげることができる。

(3) 小1プロブレムの予防のために

　小1プロブレムの対処法として，幼稚園・保育園の生活環境と小学校の生活環境との段差を小さくして，スムーズな移行を試みるという取り組みとともに，ソーシャルスキルや自己コントロールスキルの向上と行動上の問題を少なくするための取り組みを幼児教育の中にしっかりと位置づけることが必要であろう。幼稚園・保育園と小学校の生活環境の段差をなだらかにして，少しずつ小学校の環境に近づけていく方法は，それなりの効果を上げることができるだろうが，学校レディネスの発想からすれば，幼児期にもっと積極的にソーシャルスキルや自己コントロールスキルを向上させる働きかけのあるほうが，小1プロブレムの改善あるいは解消につながるのではないかと思う。その意味で，幼稚園・保育園での対人関係および感情面の育成をめざした指導が不可欠である。最近，幼・保・小連携の取り組みが盛んに行われているが，そうした取り組みの中にソーシャルスキルの体系的な育成計画を盛り込むことを推し進めてもらいたい。

第2節　ソーシャルスキル教育の考え方と意義

① ソーシャルスキル教育の考え方

　ソーシャルスキル教育（SSE）では，第1節で述べたソーシャルスキルのとらえ方に従って，ソーシャルスキルを具体的な行動レベルでわかりやすく子どもに伝えていく。例えば，「聴くスキル」を教える場合，「やっていることをやめて」「相手の方を向いて」「相手の目を見て」「うなずきや微笑を入れて」「真剣に相手の話を聴く」ことだと説明する（言語的教示）。そして，よい例と悪い例をそれぞれ例示しながら（モデリング），聴くスキルの基本を確認した後，今度は自分で実際に繰り返し練習しながら（行動リハーサル），スキルの向上を図る。この過程で，指導者はよいところを積極的にほめ，もっと伸ばしたいところがあれば，もっとよくなるポイントとして伸ばしたいところを指摘する（フィードバック）。ソーシャルスキルの授業の終了後に，スキルのポイントを例示した絵を教室に掲示したり，帰りの会などで交代にロールプレイをしながら復習したり，家庭で保護者を相手に練習したりすれば，ソーシャルスキルの定着はもっと進むことがわかっている。こうしたSSEの流れをわかりやすくまとめたものが次ページの表1である。

表1 SSEの要素 （Bierman, 2004）

介入要素	なぜするのか？	何をするのか？
スキル提示	それぞれのスキルがどのようなものか，どうして大切なのか，どのように使えばよいかなどについて子どもの理解を深める。	・モデリング ・言語的教示 ・話し合い ・多様な例の提示
スキル練習	助言，サポート，強化を用いて，新しいスキルの実行の仕方を援助する。	・ロールプレイ ・構造化された活動
実行フィードバック	スキルの実行を調整したり，改善したりする。また自分の行動や対人的反応をセルフモニタリングできるように援助する。	・話し合い ・自己評価 ・相手からのフィードバック ・ビデオ視聴
般化促進	自然な場面の中で自力でスキルの実行ができるように援助する。	・ホームワーク ・自然な仲間とのやり取りの中での練習 ・スキルが実行できそうな新しい場面での練習

② 学級で行う意義

　子どもは一日の大半を園や学校で，そして学級で過ごす。学級には多くの仲間がすぐ近くにおり，習得したソーシャルスキルを速やかに実践に移すことができる絶好の環境である。また，学級にはSSEの実践の担い手となりうる教師や保育士がいる。したがって，学級はSSEを実施するのに最適な場所であるといえる。

　園や学校ではいろいろな活動が学級単位で展開されるので，学級単位の取り組みを導入しやすく，かつ定着させやすいという長所もある。さらに，学級で行うSSEは，学級の子ども全員を同時に指導することができる点で効率性にも優れている。また，子ども同士がお互いにモデルとなって，ソーシャルスキルの学習を促す効果も期待できる。

　学級で行うSSEは，学級のメンバー全員を対象として行う予防的，発達的介入である。したがって，特定の問題行動や症状を抱える子どもが学級内に在籍していたとしても，その子どもを中心にすえて介入を試みることはせず，むしろほかの子どもと同様の立場で参加させるのが一般的である。もしこれらの子どもに対して特別な対応が必要であれば，学級全体で行うSSEに加えて，その子どものみを対象とした個別のソーシャルスキルの指導を行うこともできる。また，チームティーチング（TT）の形式で複数の教師

(例えば，担任教師に協力してくれる学校職員)が，集団全体の指導と個別の指導の役割分担をして，スキル指導を行うこともできる。ソーシャルスキルに限らず学級において子どもたち全員に介入することのメリットを表2にまとめてあるので参考にしてほしい。

表2　学級集団介入の利点（佐藤，2004）

- 自然な環境の中で，学習したスキルを強化する機会が多く，スキルの日常場面への定着化が期待できる。
- 社会的地位の異なる子どもが一緒に学ぶ場である学級は，仲間内の地位が低い子どもと高い子どもとが相互作用する場を多く設定できる。相互作用を通して，仲間同士の受容の高まりが期待できる。
- 学級担任教師が介入の主体となる学級集団介入は，介入期間のあらゆる機会を通して，獲得したスキルの実行を促すことができるので，定着化を促進することができる。
- 学級集団介入では，小集団介入のように，ある特定の子どもを抽出して学級の仲間と切り離した介入を必要としないので，スティグマの問題を回避できる。
- 学級集団介入は，学級全体の子どもを対象とするのでコスト効果が高い。
　学級集団介入によって，学級全員の子どものメンタルヘルスが向上すれば，後の社会適応上の問題や行動上の問題の発生を予防することができる。

③ ソーシャルスキル教育の進め方

　SSEを開始する前に，まずどのようなソーシャルスキルを教えるのかを決めておかなければならない。指導対象となるソーシャルスキルを「標的スキル」と呼んでいる。ソーシャルスキルの指導が効果を上げるためには，新しく学習したソーシャルスキルが日常生活の対人的やり取りの中で使用され，それを使うと自然に周囲の子どもたちから認められ，受け入れられるような環境が整備されていなくてはならない。これがソーシャルスキル指導の前提である。

　また子どもを対象としたソーシャルスキルの指導は，対人的不適応の予防と改善を目的としているので，そこで標的とされるソーシャルスキルは，対人関係を円滑に進めるための基本となるスキルであることが多い。例えば，友情形成スキル（仲間との友好的な関係を働きかけ，それを維持するのに必要なスキル），主張性スキル（相手を傷つけないようにしつつ，自分の要求や権利をはっきりと主張したり，相手の要求を上手に断ったりするのに必要なスキル），社会的問題解決スキル（対人的な場面で遭遇する相手との利害の対立や葛藤を「問題」として気づき，それを解決するために必要な一連のスキル）などがその例である。これらのスキルの具体的な内容については，次章「ソーシャルスキルのアセスメント」（P22）で取り上げる。

担任教師（保育士）が行うSSEには，学級全員の子どもが一緒に参加する。以下に，SSEの基本要素を説明しながら，その際に重要なポイントをまとめてみたい。

SSEの基本的要素は，(1)言語的教示，(2)モデリング，(3)行動リハーサル，(4)フィードバックと強化と呼ばれる。

(1) 言語的教示

あるソーシャルスキルを学習させようとする前に，これからどんなソーシャルスキルを学ぼうとしているのか，そのスキルを身につけることが対人関係を良くするのにどんなに大切なものなのかについて，教師が子どもに話して聞かせたり，子どもたちと話し合ったりしておく必要がある。ソーシャルスキル教育の効果を高めるためには，できる限り工夫して，スキル学習の大切さを子どもたちに納得させておくことが大切である。

幼児を対象にする場合は，言葉での説明をできるだけ短くして，一枚絵で完結するわかりやすいストーリーを使って言語的教示を行うとよい。幼児の年齢が異なると，当然，言語的教示の仕方も異なってくる。年齢に応じた教示例は，「第Ⅰ部　幼稚園でのソーシャルスキル教育」を参考にしてもらいたい。

(2) モデリング

教師は，ある対人場面で，その場にふさわしい（適切な）ソーシャルスキルを実行して見せる。こうした手本（モデル）を通して，子どもたちにそのスキルを学習させようとする技法を，モデリングと呼んでいる。

モデリングの効果を高めるためには，(1)モデルは，子どもが好意や親しみを感じる人にすること，(2)モデルの行動のポイントがよくわかるように，言葉での説明を添えてあげること，(3)モデルがスキルを実行するところだけを見せるよりも，モデルがそのスキルを実行したら，よい結果が得られたところも含めて見せること，などが大切である。

幼児は登場するモデルの影響を強く受けやすい。そのために，子どもが喜ぶモデルを使うことがモデリングの効果を左右する。例えば，教師同士がモデルとなったり，子どもたちが好むキャラクターの人形をペープサートや指人形として登場させたりすると，モデルへの注目を高めることができる。

(3) ロールプレイと繰り返し練習（行動リハーサル）

ロールプレイ場面を用いて，子どもたちに適切なソーシャルスキルを実行させる。これを行動リハーサルと呼んでいる。一般的には，「こんな場合はこうすればいい」ということを，ただ単に知識として習得しているだけでは，適切な場面でそれがうまく実行できないことが多い。ロールプレイ場面において自分でやってみることによって，実際の場面で感じると思われる緊張感や不安を克服して，そのスキルを実行する自信をつけることがで

きる。不安や緊張の強い子どもに対しては，最初は本人の負担をできるだけ軽くするために，教師がそばについてあげて，子どもと一緒に声を合わせてセリフを言ってやるなどの援助をするとよい。また不安や緊張をそれほど示さない子どもを先にリハーサルさせて，不安や緊張の強い子どもを最後にリハーサルさせるのもよい方法である。先にリハーサルした子どもがモデルの役を果たすことになるからである。そして，繰り返して練習を重ねるたびに，子どもの様子を見ながら，少しずつ援助の手を引っ込めていく。

　繰り返しの練習で留意すべき点は，（1）場面や相手をいろいろに変えて練習してみること，（2）そのスキルのバリエーションを増やすようにしてあげることである。例えば，友達に物を借りる場面では，「貸して」と言うだけでなく，「一緒に使おう」と言うのも適切なソーシャルスキルである。また，「貸して」と言っても，いつも貸してもらえるとは限らない。貸してもらえないときには「後で貸して」と言って，いったん要求を取り下げる方法を教えることも大切である。このように1つのスキルがうまく働かないときに別のスキルを使えると，かかわりに余裕が出てくる。これをバックアップスキルと呼んでいる。

　行動リハーサルは，少人数のグループに分かれて行うことが多い。そのなかで，スキルを使う人，そのスキルを受ける人（相手），ロールプレイの様子を観察する人といったように役割を交代しながら進めていく。ロールプレイのあと，スキルを使う人には，そのスキルを使ってみてどのような気持ちになったかを確認する。スキルを受ける人には，そのスキルを受けてみてどのような気持ちになったかを報告してもらう。また，ロールプレイの様子を観察する人には，ポイントとしてあげられた適切なスキルの要素が使われていたかどうかを報告してもらう。ここでのポイントは，ソーシャルスキルを行動面と感情面の両方から実行，観察，評価する練習を積むことである。このようにすると，幼児一人一人が役割をもって行動リハーサルに参加することができる。

（4）フィードバックと強化

　フィードバックとは，子どもが実行したソーシャルスキルの適切さについて，どこがよかったか，どうすればもっとよくなるか，などの情報を与えることである。そして，強化とは，うまくできたスキルに対して，教師や友達がほほえみかけたり，言葉でほめたり，スタンプやシールをあげるなど，なんらかのごほうびを与えたりすることである。また，頭を撫でてやる，握手してやるなどもりっぱな強化といえるし，「○○がじょうずにできたから，あなたの好きな遊びをさせてあげるね」とか，絵本を読み聞かせてやる，歌ってやるなども幼児や低学年児童の場合にはごほうびとして用いられる。ただし，実際の場面では，強化を与えることでその場の活動の進行をストップさせたり，学習すべき活動への関心がそれてしまうのを防ぐために，1回に与える強化はできるだけ小さくして，本来の

活動の妨げにならないようにすることが大切である。

　ここでの留意点は3つある。(1) うまくできた点に焦点を当て,「どこがよかったか」だけを言うようにする。(2) ソーシャルスキルの実行がうまくできなかった点を指摘するときには,例えば,「声が小さかった」と言うのでなく,「もう少し大きな声で言うともっといいよ」などのように,「○○すればもっとよくなる」というように,プラス面へ引き上げるような言い方で指導する。(3) 指導がある程度進んだ後のフィードバックでは,子どもの実行がどのくらい改善したかも知らせてあげるようにする。

(5) 定着を促す指導

　学級で学習したソーシャルスキルを定着させるためには,しばらくの間,自由遊びの時間や休憩時間などの自然場面でも,ソーシャルスキルを使用した子どもを指導してやるとよい。援助はできるだけさりげなく行う。自然場面での指導の際に特に気をつけたいことは,子どもたちが適切なソーシャルスキルを使ったときは確実にほめて認めてあげることである。その際に,子ども同士の自然な遊びや活動の流れを中断したり妨害することのないように,「ごく簡単にしかも確実に」強化してあげることである。子どもの行動により添う形で「いいね」と短く声かけをする,あたたかな視線を投げかけるなどが適当であろう。

第3節　ソーシャルスキル教育の効果

(1) 早期介入のメリット

　幼児を対象としたSSEの実践は,どの程度の効果を上げているのだろうか。この点を明らかにするために,北米と日本で報告された展望論文に従って,効果の検討を進めたい。なお,個々のソーシャルスキル教育に関する研究の評価は,本書の後の章で取り上げられているので,そちらを参照していただきたい。

　ジャニュアリーら (January, Casey, & Paulson, 2011) は,学級単位のソーシャルスキル介入を実施した31の研究のメタ分析を試みている (メタ分析とは,統計的分析のなされた複数の研究を集め,さまざまな角度からそれらの研究を統合したり比較したりする分析法のこと)。31の研究のうち幼児を対象とした研究は4編のみであった。しかし,この4編の研究の効果は,中程度の大きさで,小中学校で行われたSSEの効果の大きさよりも大きいことがわかった ($d=0.55$)。この結果を受けて著者らは,幼稚園や保育園の子どもを対象とした研究の数が少ないので,得られた効果の大きさの統計的信頼性に限界はあるものの,学級単位のソーシャルスキル介入の効果的な開始年齢は,幼稚園や保育園の時期

であることと，早期介入は，ソーシャルスキルの不足から生じる長期にわたる有害効果を低減するのに効果的な時期であると，指摘している。

我が国の学級単位のソーシャルスキル訓練のメタ分析を行った髙橋・小関（2011）の研究では，幼稚園・保育園での研究2編が分析の対象となった。これらの研究の効果の大きさは，北米の研究の効果の大きさとほぼ同じで，中程度の大きさであった。しかし，幼稚園・保育園でのソーシャルスキル介入の効果の大きさは，児童を対象とした研究よりも小さかった。

以上のように，我が国で行われた幼児を対象とした学級単位のソーシャルスキル介入でも，中程度の効果の大きさが示されているものの，研究数が少ないので，ここでも統計的信頼性に限界に直面してしまう。とはいえ，幼稚園・保育園におけるSSEは，海外でも我が国でも，着実に成果をあげていることは確かである。現在，我が国ではSSEは小学校や中学校で行われることが多いが，幼稚園・保育園でもっと普及していくことが，子どもたちの対人関係の育成や心の健康の増進のために必要であることを改めて強調したい。

第4節　ソーシャルスキル教育と保護者

(1) 家庭への影響

小学校でSSEを実施していた時のエピソードを紹介しよう。ある学級でソーシャルスキルの授業をした教師が学級通信を通じて，学校でソーシャルスキルの学習をしていることを家庭でも話題にしてもらうように保護者に知らせた。ある保護者は早速，どのようなことを学んだのか子どもに質問してみた。そのとき，ちょうど夕食の準備中であったので，その作業をしながら，子どもの学習したソーシャルスキルの説明を聞いていた。その日に子どもが学習したソーシャルスキルは「上手な聴き方スキル」であった。説明の途中で，子どもは次のように言い出した。「お母さん，上手な聴き方は，まず，やっていることをやめて，相手の方に目と体を向けて，相手の話をうなずきながら聞くことなんだよ」。お母さんは，ハッとしたそうだ。お母さんは，夕食の準備をしながら，耳だけで子どもの話を聴いていたからだ。話す人が気持ちよく話せるようにするためには，耳だけでなく，目も体も相手の方に向けて，うなずきながら，「ちゃんと心を込めて聴いていますよ」というサインを送ることが，聴き方スキルのコツなのだということを再認識した，との保護者からの連絡を教師は受けたそうである。

私たち大人は，やればできるはずのソーシャルスキルを子どもに対して使わないでいることが多い。また，こうしたコミュニケーションのこと，ソーシャルスキルのことを家庭

で話題にすることもとても少ない。ましてやソーシャルスキルを意識的，意図的に子どもに教えようとする保護者は少ないのではないかと思う。そのような日常生活の中で，子どもたちが学校でソーシャルスキルの学習をしていることを知ることは，保護者自身にソーシャルスキルの基本を意識してもらう絶好の機会になる。ほんの短い時間でも，子どもと一緒に人間関係を円滑に保つソーシャルスキルについて考えることは子どもにとっても大人にとっても大切なことであろう。こうした時間をもつことは，学校で学習したソーシャルスキルを家庭でも使うことにもつながるので，SSEの最も大切な目標となっているソーシャルスキルの定着化を強固なものにしてくれる。

(2) トレーナー役としての保護者

第Ⅰ部で紹介されている宮崎大学教育文化学部附属幼稚園の「もくせいの時間──コミュニケーションスキル活動」では，保護者が交代でソーシャルスキルの授業にトレーナーとして参加している。通常のSSEの授業では，行動リハーサルの時間の指導を教師がほとんど担っている。我々が研究目的で実施するSSEの授業でも，小集団で行う行動リハーサルを指導するのは，トレーナーと呼ばれる訓練を受けた大学院生や大学生が担うことが多い。附属幼稚園でこのトレーナー役を保護者にお願いしているのにはいくつかの理由がある。

まず第1に，ソーシャルスキルの授業では，我が子と同じ年齢の子どもたちが多く参加する。行動リハーサルの時には，自分の子どものいるグループには保護者を配置しないようにしている。この活動を通して，我が子と同年齢のほかの子どもたちの行動や考え方を知ることは，保護者にとても大切なことを教えてくれる。例えば，年長の幼児といっても実に多様な子どもたちがいることを知ったり，遅れているのではないと心配していた我が子がほかの子とそんなに変わらず元気にやりとりしていることを観察できたりする。保護者は我が子と同年齢のほかの子と一緒に活動することによって，5歳児，4歳児の子どものスタンダードがみえてくる。つまり，この活動が子どもを理解する機会を保護者に与えてくれるのである。

第2に，保護者は，行動リハーサルのトレーナー役になることによって，ソーシャルスキルのポイントとなる行動をしっかり観察し，子どもたちが示したソーシャルスキルのできばえをほめたり，フィードバックを与えたりする。この作業は，常に子どもたちのよいところを積極的に見つけて伝えてほめる作業である。こうした作業をさまざまな子どもと一緒に行うことは，よいところの見つけ方，ほめ方のコツを保護者が再確認するよい機会になる。こうした機会が，家庭でも我が子のよいところを見つけること，ほめることにつながっていくと考えられる。トレーナー役として多くの子どもと接する中で，我が子のよ

さもしっかりとみえてくることを期待したい。保護者が行動リハーサルのトレーナー役を務めるにあたっての留意点，ソーシャルスキルの授業を担う教師と保護者の役割分担，参加した保護者の意見等の具体的内容については，第Ⅰ部を参照してもらいたい。

◆ 引用文献

- 相川　充（2000）『人づきあいの技術：社会的スキルの心理学』サイエンス社.
- Bierman, K. L.（2004）Peer rejection：Developemtal processes and intervention strategies. New York, NY：Guilford. Press.
- Bornstein, M. H., , Hahn, C. & Haynes, O. M.（2010）Social competence,externalizing and internalizing behavioral adjustment from early childhood through early adolescence：Developmental cascades, Development and Psychopathology, 22, pp.717-735.
- Dunlap, G., Strain, P. S., Fox., Carta, J., Conroy, M., Smith, B. J., & Sowell, C.（2006）Prevention and intervention with young children's challenging behavior: Perspectives regarding current knowledge. Behavioral Disorders, 32, pp.29-45.
- Gresham, F. M., & Elliott, S. N.（2014）Social skills assessment and training in emotional and behavioral disorders. In H. M. Walker, & Gresham, F. M.（Eds.）, Handbook of evidence-based practices for emotional and behavioral disorders：Applications in schools. The Gulford Press, pp.152-172.
- January, A. M., Casey, R. J., & Paulson, D.（2011）A meta-analysis of classroom-wide interventions to build social skills: Do they work? School Psychology Review, 40（2）pp.242-256.
- LaddG, W., Kochenderfer, B. J., & Coleman, C.（1996）Frienfshipquality as a predictor of young children's early school adjustment. Child Development, 67, pp.1103-1118.
- 前田健一（1997）「幼稚園児と小１の仲間内地位，孤独感，社会的行動特徴の同時的関連と縦断的関連」，『愛媛大学教育学部紀要（教育科学）』43（2），111-117頁.
- McCabe, P., & Altamura, M.,（2011）Empirically valid strategies to improve social and emotional competence of preschool children. Psychology in the Schools, 48, pp.513-540.
- Rubin, K. H., Bukowski, W. M., & Parker, J. G.（2006）Peer interactions, relationships, and groups. In N. Eisenberg（Ed）, The handobook of child psychology Vol.6 NY：Wiley, pp.571-645.
- 佐藤正二（2004）「集団介入の利点，欠点，工夫点」，坂野雄二（監修）『学校，職場，地域におけるストレスマネジメント実践マニュアル』29-38頁，北大路書房.
- 佐藤正二・相川　充（2005）『実践！　ソーシャルスキル教育　小学校』図書文化社
- 新屋桃子・高橋高人・佐藤正二（2014）「幼児の社会的スキルが児童の社会的スキル及び抑鬱に及ぼす影響」日本認知・行動療法学会第40回大会.
- 髙橋　史・小関俊祐（2011）「日本の子どもを対象とした学級単位の社会的スキル訓練の効果：メタ分析による展望」，『行動療法研究』22（2），9-20頁.
- 東京学芸大学（2010）「東京学芸大学小１プロブレム協議会資料集」.
- Webster-Stratton, C., Reid, M. J., & Stoolmiller, M.（2008）Preventing conduct problems and improving school readiness: Evaluation of the Incredible years teacher and child training programs in high-risk schools. Journal of Child Psychology and Psychiatry, 49, 5, pp.471-488.
- Wentzel K. R.,（2009）Peers and academic functioning at school. In K. Rubin, W. Bukoeski, & B. Lauren（Eds.）, Handbook of peer interactions, relationships, and groups. New York：Guilford Press, pp.531-547.

❷ ソーシャルスキルの アセスメント

金山元春

第1節　アセスメントとは

　ソーシャルスキル教育（SSE）を行う際に，どのようなプログラムを実施するかを考えるためには，アセスメントを適切に行うことがとても重要である。アセスメントとは，保育でいう「幼児理解」のことである。「幼稚園教育指導資料第3集・幼児理解と評価」（文部科学省，2010）では，「幼児を理解することが全ての保育の出発点」であり，「適切な教育は適切な評価によってはじめて実現できるもの」とされている。また，「保育所保育指針解説書」（厚生労働省，2008）でも，「子どもの実態を把握し，理解することから指導計画の作成はスタートします」と記されている。SSEも然りである。適切なSSEは適切なアセスメントによってはじめて実現できるものである。

　ソーシャルスキルのアセスメントの目的は2つある。1つは，幼児の実態を把握し，指導目標とするスキルを決定するためである。もう1つは，幼児の変化を確認するためである。保育者は，指導を通じて幼児に生じる変化を把握し，必要に応じて指導に修正を加えつつ，望ましい状況が生成・維持されるように努める。幼稚園教育要領解説（文部科学省，2008）でも，「指導の過程についての反省や評価を適切に行い，常に指導計画の改善を図ること」とされているとおりである。

　なお，本章で用いる「評価」という言葉に対しては多様な受け取り方があるだろうが，ここでは，子どもにラベルを貼ったり，ランク付けをしたりするための行為ではなく，保育者が子どもを理解し，自らを省みるための行為としてこの言葉を用いている。また，「指導」という言葉も，保育者が一方的に子どもに教え込むという意味ではなく，心理教育的援助の観点を含めた言葉として用いている。

第2節　ソーシャルスキルのアセスメントの方法

　アセスメントには「フォーマル・アセスメント」と「インフォーマル・アセスメント」とがある。前者の代表例は知能検査や発達検査である。厳密に定められた手続きに基づくことから，フォーマル（公式）と呼ばれる。その一方で，保育者は，幼児や保護者との会話から，幼児の表情から，絵画から，工作から……などなど，あらゆる機会に幼児理解を深め，それを自らの指導の改善に活かすという営みをごく自然に行っているはずである。こうした手続きは，インフォーマル（非公式）なものではあるが，これもアセスメントの1つであり，むしろ現場の保育者の専門性は，日常のインフォーマル・アセスメントにおいてこそ発揮されるといってもよい。そうした日々の保育で慣れ親しんだインフォーマル・アセスメントに加えて，以下に紹介するようなフォーマル・アセスメントについても学習すれば，幼児理解はいっそう深まるだろう。

① 観察法

（1）自然場面での行動観察――機能分析の観点から

　観察法のなかに，日常の自然な行動を観察する方法がある。例えば，他児が持っている物を強引に奪ってしまうAという幼児がいるとする。Aは，保育者から「乱暴な性格の子」とみなされて叱責されたり，「もうしないってお約束よ」などと諭されたりしているかもしれない。しかし，それでも同様の行動が繰り返されると，保育者はより強く叱責する。ところが，Aの乱暴はむしろ激しくなっていく。いったいどうすればよいのだろう……。保育者であれば，このような事例を経験することも少なくないだろう。Aの行動に対して「意味不明」と思うかもしれない。

　ここで，「機能分析」の観点から行動観察を行えば，その行動の「意味」を理解できる。観察に際しては，対象となる行動の前後にあった出来事・状況も記録し，その行動を文脈の中で理解することが重要である。具体的には，「状況事象」→「先行事象」→「行動」→「結果事象」と整理する。すると，みえてくるものがある。

　Aは自由時間にやることがなく立っていた（状況事象）。そこへBがおもちゃを持って歩いてきた（先行事象）。するとAがBのおもちゃを奪い取って（行動），それで遊び始めた（結果事象）。このようなとき，Aの行動は「おもちゃを手に入れて遊ぶ」という機能（意味・役に立ち方・働き・目的）を果たしていると推測される。Aの行動はもはや意味不明ではない。その行動の機能がわかれば，それと同じ機能をもつソーシャルスキル

を指導できる。この場合は、「貸して」とお願いするスキル、「一緒に使おう」と提案するスキル、などが考えられる。

なお、日常で生じる出来事・状況というものは、個人の行動と環境との相互作用の結果である。個人の行動は周りの環境から影響を受けるし、周りの環境に影響を与えもする。よって、ある状況に変化を生じさせるには、個人の行動変容を通じたアプローチ（その子が変わる）のみではなく、環境側の変化を通じたアプローチ（周りが変わる）もあり得る。さきのような指導例は、子どもが適切なソーシャルスキルを行動レパートリー（行動の選択肢）としてもっていないときには有効であるが、子どもがもともと適切なソーシャルスキルをレパートリーとしてもっているのにうまく発揮されていない場合には、後者のアプローチが極めて重要である。以下に、佐藤（2007）の例を基に説明する。

一斉保育場面にて、Cは、興奮していると（状況事象）、「手をあげて指名されてから発言する」というルールを守らずに大声で答えてしまうため（行動）、他児からひんしゅくをかっている（結果事象）。このようなCの行動は「周囲から注目を得る」機能を果たしていると推測される。

ここで有効なのが「環境側の変化」である。例えば、Cの興奮を鎮めておく（状況事象の調整）、保育者が質問する前にルールを子どもたちに話す（先行事象の調整）、Cが手をあげずに答えてもCに注目しない（結果事象の調整）、Cが手をあげたときにすかさず指名する（結果事象の調整）、などが考えられる。このような環境の配慮によって、Cはもともともっている、「手をあげて指名されてから発言する」というソーシャルスキルを実行しやすくなるだろう。

こうした個人の行動と環境との相互作用の分析に基づくアプローチに関して理解するには、さらに学習範囲を広げて「応用行動分析学」について学ぶことをお勧めする。これについては現場で使える優れた解説書（例えば、藤原ら，2005；平澤，2010）があるので参考にしてほしい。特に、特別支援教育に関して学びを深めたい保育者にとっては、応用行動分析は必須の学習課題であるといってよい。

（2）模擬場面での行動観察

観察状況を人工的に設定して特定の行動を観察する方法もある。簡単にいうと「お芝居」としてやってみせてもらうのである。こうした模擬場面の設定は、日常場面で観察する機会があまりないが、その子どもの人間関係において重要と考えられる行動を、実際にどのように行っているのかを見たいときに便利である。例えば、さきほどのAについていえば、「先生が持っているこのおもちゃをAちゃんが借りて遊びたいとき、どうすれば、先生からおもちゃを借りられると思う？　ちょっとやってみせてくれる？」と実際に

演じてもらうわけである。しかし，模擬場面での行動は，日常での実際の行動を必ずしも反映しない可能性があるため，注意が必要である。

② 調査法

(1) 保育者からの情報提供

　幼稚園や保育園は，幼児が家庭を離れて同世代の他児と過ごす集団生活の場である。そうした保育場面での幼児の人間関係をよく知る保育者は，幼児のソーシャルスキルに関して豊かな情報を有している。保育者は「Dちゃんはお友達を遊びに誘うのが上手だな」「Eちゃんは順番を守るのが苦手なのよね」などと日常的にインフォーマル・アセスメントを行っているだろうが，次に紹介するような測定具を用いれば，幼児のソーシャルスキルの程度を数量化して理解することもできる。

　金山ら（2014）が作成した社会的スキル尺度は，主張スキル（仲間入りをしたり，仲間を活動に誘ったり，自己の要求を他者に伝えたりする行動），協調スキル（指示やルールに従うといった行動），自己統制スキル（葛藤場面で他者とおりあいをつけるといった行動）といった3側面から，幼児のソーシャルスキルの程度を測定できる尺度である。また，金山ら（2011）は問題行動尺度も作成している。この尺度は，不注意・多動，攻撃，引っ込み思案の3側面からなる。これによって，幼児の人間関係における課題を数量的に把握できる。社会的スキル尺度と問題行動尺度は，31ページに掲載しているように，2つの項目を併せて実施することができる。ただし留意点として，保育者が知る幼児の姿は，保育者が幼児と接する場面に限定されたものであり，別の場面では幼児が異なる姿を見せる場合があることも考慮しておく必要がある。

(2) 保護者からの情報提供

　保護者評定尺度に関しては，その作成の試み（中台・金山，2004）はあるものの，(1)で紹介した保育者評定尺度ほどの大規模調査に基づいて開発された尺度はまだない。現状では，その限界を踏まえたうえで既存の尺度を用いるか，保育者評定尺度の項目に保護者の立場から回答してもらうことも考えられる。保護者は子どもと生活をともにしており，特に幼児期の子どもは保護者には自然な姿を見せやすいため，保護者から得る情報は子どもの実態をよく反映していると考えられる。ただし，保護者に保育者のような一般的な幼児の発達に照らした評価を期待することは難しい。また，保護者は，子どもに対する期待の高さから過小評価をしたり，逆に過大評価をしたりと，客観的な立場から子どもを評価することが難しいことも理解しておく必要がある。

❸ 面接法

　保育者から「Fちゃんは協調的でしっかりしている」と評価されていた幼児が，実は「お友達とお話するのが苦手……」と感じていたり，「Gちゃんはちょっと言葉遣いがきついなあ。周りの子が萎縮しているみたい」と保育者は気にしているのだが，本人にはその自覚がなかったり，などと他者評価と自己評価が一致しない例は少なくない。よって，幼児の自己評価を知るための面接も重要である。しかし，幼児の場合，認知能力や言語能力に限界がある。そこで，面接で知りたいポイントをあらかじめ決めておき，チェックリストを用意して，できるだけ手短に質問したり，言葉だけに頼るのではなく，会話の手がかりになる絵を用いたりするなど，手続きを構造化する必要がある。その一方で，構造化されていない自然な会話の中でこそ得られる情報もあるので，そうしたインフォーマル・アセスメントの機会にも，幼児理解のアンテナはしっかりと立てておきたい。

第3節　ソーシャルスキルに影響する要因に関するアセスメント

　ソーシャルスキルとは観察できる具体的な行動として表現されるものであるが，そうした行動の背景にある認知や感情の働きも含めてソーシャルスキルを理解しようという考え方もある。

　相川（2009）は，相手の反応の解読（例えば，相手の表情やしぐさなどから「あの子は悲しそうだな」などと相手の気持ちを理解したり，状況を読み取ったりすること），対人目標と対人反応についての意思決定（例えば，「悲しそうだから慰めてあげよう」という目標を立て，それを果たすために「『どうしたの？』と言葉をかけよう」と自らの反応を決定すること）といった認知的要素の働きや，感情のコントロール（例えば，過度に緊張するとうまく言葉をかけられないので，その緊張を和らげること）があってはじめて，対人反応の実行，すなわち対人場面での具体的な言語的，非言語的（表情やしぐさなど）行動が適切で効果的なものになると論じている。ここで「適切」とは，当の対人場面や状況あるいは社会的ルールから判断してふさわしいか否かをさし，「効果的」とは，対人目標が達成され，相手との関係が肯定的になったかどうかをさしている。

　結果として示される行動が不適切で効果的でないものであったとしても，それは状況の読み取りに困難があるためなのか，対人目標と対人反応についての意思決定が不適切であるからなのか，あるいは，不安や怒り，衝動性といった不快な感情をうまくコントロールできないためなのか，その背景要因によって必要な指導は異なってくる。

また，Mize & Ladd（1990）は，ソーシャルスキルを指導する際の基準として，①対象者がソーシャルスキルに関する知識を有しているか，②知識を有しているとして，それを適切に実行に移せるか，③知識もあり，実行にも移せるとして，それが周囲の人や状況に与える影響を自己評価しつつ（モニタリング），実際の人間関係のなかでスキルを活用することができるか，という3要素を踏まえ，それぞれの要素に応じた指導を考案する必要があると論じている。一口に「ソーシャルスキルに課題がある子」といっても，そもそもどうすればよいのかわからない子と，わかってはいるけれどうまく実行に移せない子と，あるいは状況に応じた使い分けが苦手な子とでは，必要な指導が異なる。

以上のように，ソーシャルスキルをアセスメントする際には，行動面のみならず認知面や感情面の影響をも考慮する必要がある。これはどの子にとっても必要な観点ではあるが，いわゆる発達障害があるとされる子どもは，認知面や感情面で困難さがある場合が多く，すでに説明した環境の影響も含めて，多面的なアセスメントが特に求められる。なお，こうしたアセスメントには高度な専門性が求められるので，保育者は，必要に応じて，特別支援教育や心理の専門家と連携しながら指導にあたってほしい。

第4節　どのようなスキルを取り上げるのか

① 特定の子どもを対象とする場合

人間関係に課題を抱える特定の幼児を対象にSSEを行う場合には，その子が身を置く環境においてどのようなスキルを学ぶことが現状の変化にどのように役立つのか（機能するのか）について分析する必要がある。これを踏まえず，一般的に奨励されるスキル（大人が「よい」と考えるスキル）を指導しても，その子の人間関係の変化にとってはあまり役に立たない（機能しない）ときもある。第2節で解説した「機能」という観点を重視して，指導するスキルを選定してほしい。

② 集団を対象とする場合

（1）集団の状態から判断する

「A組さんと同じ指示ではB組さんは動かない……」「去年のクラスではうまくいった指導が今年のクラスでは通用しない……」などということはよくある。幼児一人一人に個性があるように，集団にも独特の「風土」というものがある。集団に対して同じスキルを一斉に指導するときには，そうした集団風土を把握する「集団のアセスメント」が求めら

れる。個々の幼児に必要なスキルがそれぞれ異なるように，ある集団に必要なスキルもその集団の状態によって異なるのである。

　小・中学校を対象とした河村（2007）の研究からは，学級集団内に規律や共有された行動様式があり（ルールの確立），かつ児童生徒同士の良好な人間関係や，役割交流だけではなく感情交流も伴ったかかわりを含む親和的な人間関係がある（リレーションの確立）学級では，このいずれかの確立が弱い学級と比べて，児童生徒の学力の定着度が高く，いじめの発生率が低いことが明らかにされている。つまり，所属集団の状態によって，子どもの学習面，心理社会面での発達は異なってくるのである。

　そして，河村ら（2007，2008）は，そうした学級集団では，児童生徒が「配慮のスキル」（対人関係における相手への気遣い，最低限のマナーやルール，トラブルが起きたときにセルフコントロールしたり自省したりする姿勢など）と「かかわりのスキル」（人とかかわるきっかけづくり，対人関係の維持，感情交流の形成，集団活動に主体的にかかわる姿勢など）をバランスよく活用していると報告している。

　よって，集団を対象にソーシャルスキル教育を行う際には，学級集団の状態を「ルール」と「リレーション」の両面から理解し，「配慮のスキル」と「かかわりのスキル」のバランスを踏まえて，指導するスキルを決定することが有効であると考えられる。

　これら一連の研究は，小・中学校を対象としたものであり，こうした集団理解が幼稚園や保育園にも適用可能かどうかはまだわからないが，この点については，保育者（幼稚園教諭・保育所保育士）と小学校教諭の学級経営観（学級経営において重視すること）を分析した中川ら（2009）の研究が参考になる。

　この研究では，保育者と小学校教諭に共通する学級経営観として，「規範を重視した指導的なかかわり」と「心情を重視した受容的なかかわり」の2側面が見いだされている。この結果は，河村（2007）が提唱する「ルール」と「リレーション」を連想させるものである。こうした研究知見を考え合わせれば，河村ら（2007，2008）が提唱する観点は，幼・保・小の連携の面からも，幼稚園や保育園でソーシャルスキル教育を行う際のヒントにはなるだろう。ただし，中川ら（2009）の研究では，保育者と小学校教諭では，学級経営観に隔たりがあることも報告されている。それは，小学校教諭は保育者よりも「規範を重視した指導的なかかわり」を重視し，逆に保育者は小学校教諭よりも「心情を重視した受容的なかかわり」を重視するという結果である。保育者には，このような学級経営観の隔たりや，それに伴う子どもの学級生活の相違への理解を深め，幼・保・小の円滑な接続という観点からSSEの設計を行うことも期待したい。

(2)「基本スキル」を指導する

　集団を対象とするSSEでは，子どもたちの将来を見通して，一般的に幼児期のうちに身につけておきたいと考えられるスキルの学習機会を計画的に提供することも大切である。その際，どのようなスキルを取り上げるべきか。

　國分ら（1999）は発達的観点から小学校で身につけておきたいスキルをリストアップし，これを「基本ソーシャルスキル」と呼んでいる。これは子どもの人間関係において基本的かつ重要なもの，また将来を見通して基礎となるものであり，学齢期において習得しておくことが望ましいもの，さらに教室をベースに集団で教えることができるという条件も考慮に入れた12のスキルのことである。この12のスキルはさらに4つに分類される（小林，2005）。第1の「基本的なかかわりスキル」には，①あいさつ，②自己紹介，③上手な聴き方，④質問する，第2の「仲間関係発展・共感的スキル」には，⑤仲間の誘い方，⑥仲間の入り方，⑦あたたかい言葉かけ，⑧気持ちをわかって働きかける，第3の「主張行動スキル」には，⑨やさしい頼み方，⑩上手な断り方，⑪自分を大切にする，第4の「問題解決技法」には，⑫トラブルの解決策を考える，が含まれる。

　また，相川・佐藤（2006）は，同様の観点から，中学校で学ぶ基本スキルを，14スキル・4分類として提案している。第1の「関係開始スキル」には，①さわやかにあいさつをする，②自己紹介をする，③仲間に誘う，④仲間に加わる，第2の「関係維持スキル」には，⑤しっかり話を聴く，⑥上手に質問をする，⑦気持ちに共感する，⑧あたたかい言葉をかける，第3の「主張性スキル」には，⑨はっきり伝える，⑩きっぱり断る，⑪やさしく頼む，第4の「問題解決スキル」には，⑫きちんと謝る，⑬怒りをコントロールする，⑭トラブル解決策を考える，が含まれる。

　これを見ると，小学校，中学校とそれぞれの発達段階に応じた指導内容のアレンジはもちろんあるものの，将来を見通して学齢期に身につけておきたいスキルは小中でほぼ共通していることがわかる。これらのスキルは，組み合わせたり応用したりすることで，生涯にわたってあらゆる人間関係に活用できる，まさに基本スキルといえるだろう。

　もちろん指導する際には幼児に合わせた内容のアレンジが求められるが，ここであげられた基本スキルは，幼稚園や保育園においても幼児期から学んでおく必要がある重要なスキルといえるだろう。実際に，宮崎大学教育文化学部附属幼稚園では，あいさつ，仲間の入り方，上手な話の聴き方，あたたかい言葉のかけ方などといった，小学校，中学校と共通するスキルが年間計画を通じて指導されている。これは幼児期に学ぶ基本スキルとして，一つのモデルになるだろう。詳しくは，第Ⅰ部の「宮崎大学教育文化学部附属幼稚園での実践」で確認できる。

なお,トラブルを解決するためのステップを考えたり,自分の不快感情(嫌な気持ち)に気づき,そうした気持ちを鎮めるために必要となるスキルを学んだりすることは,児童期以降においても高度なスキルと位置づけられており,幼児期にはまだ習得が難しいと考えられるが,幼児でもこの点が学習可能なように工夫されたプログラムもある。そうしたプログラムについては第Ⅱ部第2章で紹介する「セカンドステップ」(NPO法人日本こどものための委員会,2009)が参考になるだろう。

◆ 引用文献

- 相川　充(2009)『新版人づきあいの技術:ソーシャルスキルの心理学』サイエンス社
- 相川　充・佐藤正二(編)(2006)『実践！　ソーシャルスキル教育・中学校編:対人関係能力を育てる授業の最前線』図書文化社
- 藤原義博(監修)・平澤紀子・山根正夫・北九州市保育士会(編)(2005)『保育士のための気になる行動から読み解く子ども支援ガイド』学苑社
- 平澤紀子(2010)『応用行動分析学から学ぶ子ども観察力&支援力養成ガイド:発達障害のある子の行動問題を読み解く！』学研
- 金山元春・金山佐喜子・磯部美良・岡村寿代・佐藤正二・佐藤容子(2011)「幼児用問題行動尺度(保育者評定版)の改訂」,『学校カウンセリング研究』12, 25-32頁.
- 金山元春・金山佐喜子・磯部美良・清水寿代・佐藤正二・佐藤容子(2014)「幼児用社会的スキル尺度・保育者評定版の改訂」,『高知大学教育実践研究』28, 13-19頁.
- 河村茂雄(2007)『データが語る①学校の課題:学力向上・学級の荒れ・いじめを徹底検証』図書文化社
- 河村茂雄・品田笑子・藤村一夫(編)(2007)『いま子どもたちに育てたい学級ソーシャルスキル・小学校低学年』(シリーズ本として中学年・高学年も有)図書文化社
- 河村茂雄・品田笑子・小野寺正己(2008)『いま子どもたちに育てたい学級ソーシャルスキル・中学校』図書文化社
- 小林正幸(2005)『先生のためのやさしいソーシャルスキル教育』ほんの森出版
- 國分康孝(監修)・小林正幸・相川　充(編)(1999)『ソーシャルスキル教育で子どもが変わる・小学校:楽しく身につく学級生活の基礎・基本』図書文化社
- 厚生労働省(2008)『保育所保育指針解説書』フレーベル館
- Mize, J., & Ladd, G. W. (1990) Toward the development of successful social skills training for preschool children. In S. R. Asher & J. D. Coie (Eds.), *Peer rejection in childhood*. New York: Cambridge University Press. pp.338-361. (佐藤正二訳, 1996『幼児のための社会的スキル訓練』, 山崎　晃・中澤潤監訳『子どもと仲間の心理学:友だちを拒否するこころ』323-346頁, 北大路書房)
- 文部科学省(2008)『幼稚園教育要領解説』フレーベル館
- 文部科学省(2010)『幼稚園教育指導資料第3集・幼児理解と評価』ぎょうせい
- 中台佐喜子・金山元春(2004)「母親の養育態度が幼児の社会的スキルに及ぼす影響」,『家庭教育研究所紀要』26, 61-66.頁.
- 中川智之・西山　修・高橋敏之(2009)「幼保小の円滑な接続を支援する学級経営観尺度の開発」,『乳幼児教育学研究』18, 1-10頁.
- 日本こどものための委員会(2009)『キレない子どもを育てるセカンドステップ』NPO法人日本こどものための委員会
- 佐藤容子(2007)「ソーシャルスキルの指導:〔Ⅰ〕基礎理論」,一般財団法人特別支援教育士資格認定協会(編)『特別支援教育の理論と実践:Ⅱ指導』104-118頁.

幼児用行動評定尺度

この質問紙は**24項目**からなっています。各項目をよく読んで、日頃の幼児の行動について思い出してください。

★ 一つの項目について幼児全員に対する記入を終えてから次の項目に移ってください。
★ どなたともご相談なさらずに、先生おひとりで記入してください。
★ すべての項目に回答してください。

	まったくみられなかったら	……1
	少しみられたら	……2
	ときどきみられたら	……3
	よくみられたら	……4
	非常によくみられたら	……5

名前／性別／年齢（才ヶ月）　1　2　3　4　…　30

1	友だちをいろいろな活動に誘う	
2	ゲームなどの活動中に，自分の順番を待つことができる	
3	仲間からいやなことを言われても，適切に対応する	
4	自分から仲間との会話をしかける	
5	人とゲームをしているときに，ルールに従う	
6	批判されても，気分を害さないで気持ちよくそれを受ける	
7	指示しなくても，遊びや活動の集団に加わる	
8	教師の指示に従う	
9	仲間と対立したときには，自分の考えを変えて折り合いをつける	
10	不公平なルールには適切なやり方で疑問を唱える	
11	園にある遊具や教材を片付ける	
12	仲間とのいざこざ場面で，自分の気持ちをコントロールする	
13	不注意である	
14	他の子どもと口論する	
15	他の子どもたちと一緒にいるとき不安そうである	
16	注意散漫である	
17	人や物に攻撃的である	
18	さびしそうにしている	
19	そわそわしたり，落ち着きがない（多動である）	
20	他の子どもがしている遊びや活動のじゃまをする	
21	悲しそうであったり，ふさぎこんだりする	
22	きまりや指示を守らない	
23	かんしゃく持ちである	
24	仲間との遊びに参加しない	

＜社会的スキル尺度＞
主張……1, 4, 7, 10
協調……2, 5, 8, 11
自己統制……3, 6, 9, 12

＜問題行動尺度＞
不注意・多動……13, 16, 19, 22
攻撃……14, 17, 20, 23
引込思案……15, 18, 21, 24

→それぞれの得点を合計する

社会的スキル尺度の出典……金山元春・金山佐喜子・磯部美良・清水寿代・佐藤正二・佐藤容子　2014　幼児用社会的スキル尺度・保育者評定版の改訂　高知大学教育実践研究, 28, 13-19.

問題行動尺度の出典……金山元春・金山佐喜子・磯部美良・岡村寿代・佐藤正二・佐藤容子　2011　幼児用問題行動尺度（保育者評定版）の改訂　学校カウンセリング研究, 12, 25-32.

第Ⅰ部

幼稚園での
ソーシャルスキル教育

1 宮崎大学教育文化学部附属幼稚園での実践
「もくせいの時間」について

福島裕子

第1節 附属幼稚園のコミュニケーションスキル活動

1 幼稚園・小学校・中学校ではじめた「もくせいの時間」の創設

　宮崎大学教育文化学部附属幼稚園では，附属小学校，附属中学校との連携プロジェクトとして，平成14年度より「幼稚園・小学校・中学校の12年間の連続した学びの中で豊かな人間性を養い，基礎基本に支えられた確かな学力を培う教育課程・指導法の研究」に取り組んだ。

　ここでいう「豊かな人間性」とは，人間としてよりよく生きるために重要なこと，子どもが身につけるべき「生きる力」の核となるものである。素直に感動する感性や，善を善，悪を悪と思う価値観や倫理観，ほかを思いやり受け入れる寛容さや心などを意味する。そして，人間としてよりよく生きるための「豊かな人間性」を育てるために，子どもの12年間を見通して附属幼・小・中の三校園で共通実践していく教育活動を，本学のシンボルツリーにちなんで，「もくせいの時間」と名づけた。

（1）活動内容

　身の回りで発生している問題の背景には，人とのかかわり方を知らない子ども，かかわり方を間違って覚えている子どもが増えてきていることがあげられる。そこで，「もくせいの時間」において，子どもの対人関係能力を育てるためにコミュニケーションスキル活動に取り組むことにした。

コミュニケーションスキルとは，ソーシャルスキルと同じ意味で使われており，自分の思いを伝えたり，言葉をかけたりするなど他人とかかわる際に使う技能のことである。言葉だけに限らず，視線やうなずきなど，自分が発するすべてのメッセージを含む。メッセージが自分の思い通りに伝わればよいが，言葉遣いや表情，態度等が適切でないと，相手に誤解され，自分が意図していない伝わり方をしたり，それが原因で人間関係がうまくいかなくなったりすることもある。この活動では，自分の思いを適切に相手に伝えるためのスキルを学習することをねらいとした。

　また，コミュニケーションスキルは学習によって習得されるものであり，どの子どもも訓練すると必ず身につけることができる。そこで，発達的に早い段階からスキルを学んでおくことで，それ以降の対人的な対応に適切な対処ができる可能性があると考え，幼・小・中の各段階で，学級単位でスキル学習を取り入れることにした。

(2) もくせいの時間の位置づけ

　これまでも本幼稚園では，人とかかわる方法を遊びの中で個別に教えてきたが，場面ごとでの指導であり，系統的な指導ではなかった。本プロジェクトから，人とのかかわり方を幼児期に教える大切さと，全員にスキルを教える必要性を感じたために，「もくせいの時間」をまず5歳児のクラスで取り入れることにした。また，「もくせいの時間」で学んだスキルを，子どもの生活全般で生かしたり実践したりできるようにしたいと考えた。

(3) もくせいの時間のねらい

　「対人関係能力を身につけるためのスキルを学び，日常生活の中で生かし，よりよい人間関係を築くとともに，自他ともに大切にする心を養う」ことを目標に掲げた。

(4) スキルの習得で期待する姿

○人の思いがわかる

　言葉や表情，動きなどから相手の気持ちに気づき，受けとめられるようになる。

○自分の思いを伝える

　自分自身がどんな思いをもっているかに気づき，その場に合わせて，言葉や表情，動きで伝えられるようになる。

○人とのつながりを大切にしようとする

　人とかかわることに喜びを感じ，お互いを認め，仲よく協力するようになる。

○自尊感情が育まれる

　自己表現の方法が身につき，周囲と円滑にかかわりながらコミュニケーションスキルを使うことで人間関係がよくなる。そのことが友達関係での有能感を育て，自分のことも相手のことも大切に思えるようになり，自己肯定感や自尊感情を育てることにつながる。同

様に，友達の個性をよさとして認め合うことができ，自分も友達もかけがえのない存在と知った子どもたちは，自分も友達も大切にしようとする。

② 年間指導計画および指導内容

　幼児期の子どもの発達や，親子関係が大きく影響している年齢であることを考慮して，指導内容を構成した。また，活動を月ごとに設定した。週ごとではなく月ごとや2か月に1回の実施計画にしたことで，クラスの子どもの成長を見ながら，その月の初めの実施がよいのか，月末がよいのか，または，次の月の実施がよいのかを，担任やほかの先生方と相談のうえ柔軟に決定することが可能になっている。実施する時間帯としては，降園前の子どもが落ち着いている時間に行うようにした。

　なお，「もくせいの時間」は5歳児クラスでスタートしたが，スキル活動を実施したことで，5歳児の人とのかかわりがスムーズになった効果をとらえることができたので，その後，3歳児，4歳児のクラスでもコミュニケーションスキル活動を設定した。各時間の詳細は，次章で紹介する。

表1　附属幼稚園におけるコミュニケーションスキル活動の年間指導計画及び指導内容

時期	4月	5月	6月	7月	9月	10月	11月	12月	1月	2月	3月
3歳児					あいさつ①（おはよう）		あいさつ②（ありがとう）		仲間の入り方①	道具の借り方①	
4歳児	友達の名前を呼ぼう		あいさつ③（いろいろなあいさつ）			仲間の入り方②			上手な謝り方	上手な話の聴き方①	
（もくせいの時間）5歳児			上手な話の聴き方②		あたたかい言葉のかけ方①（やさしい言葉をかける）	あたたかい言葉のかけ方②（よいところをほめる）	道具の借り方②	やさしい頼み方	あたたかい言葉のかけ方③（友達の気持ちに気づいたときの言葉）	5年生との合同学習「いっしょにつくってあそぼう」※	

※5年生との合同学習「いっしょにつくってあそぼう」は，「紙ずもう」「すごろく」の2つの題材を隔年で行う。

第2節　保護者との連携について

① 親子で学ぶコミュニケーションスキル

　5歳児のクラスでは，ねらいを達成するために，保護者にも参加してもらってコミュニケーションスキル活動を進めている。理由は，この時期の子どもの発達段階では，子ども

たちだけでの相互評価はまだ難しいこと，またスキルの定着や般化，維持を図るためには，幼稚園でも家庭でも一貫してコミュニケーションスキルを強化することが大切であり，保護者の協力が必要だと考えられるためである。また，参加する保護者にとっても，子どもをほめるスキルを学ぶ機会となったり，子どもと一緒にスキルを確認することで日常の家庭生活でもスキルの定着化を促進したりすることが期待できるためである。

さらに，3歳児，4歳児のクラスも含めて，すべての保護者には，「振り返りカード」（P43）を使って幼稚園で実施したコミュニケーションスキル活動の内容と獲得させたいスキルのポイントを伝え，家庭で子どもが用いたスキルを報告してもらっている。これにより，子どもに教えたスキルの内容を保護者にも紙面で伝え，家庭で子どもがそのスキルを使っているか，一週間程度の子どもの様子を見てもらい，担任に結果を報告してもらうことができ，コミュニケーションスキル活動の大切さや必要性，スキル定着のための家庭での実践の大切さなどを，保護者にも共通理解してもらうのに役立っている。

以下に，保護者からの感想を紹介する。

◎5歳児の活動に参加した保護者の感想

「あたたかい言葉のかけ方①やさしい言葉をかける」
　子どもたちが照れながら一生懸命にやっている姿を見て，うれしかったです。なかなか家ではほめてやっていないので，自分も子どもをやさしくほめてあげたいと思いました。

「やさしい頼み方」
　1回目にお手伝いをしたときから比べると，子どもたちみんなが真剣に考えて行動することができていて，子どもたちの成長に驚きました。もくせいの時間で学ぶたびに，とてもやさしく成長していることをうれしく思います。

◎「振り返りカード」での報告内容

〈3歳児の保護者から〉「あいさつ①（おはよう）」の活動後
　朝起きてからすぐの「おはよう」は，いつも私を探して言ってくれます。幼稚園では，園長先生にいつもよりも大きな声であいさつできていました。その時に，園長先生と私からほめてもらえてうれしかったみたいで，次の日から登園の途中でも「今日も大きな声で『おはようございます』って言うからね」とはりきっています。見てあげて，ほめる大切さ，私も勉強になります。

〈4歳児の保護者から〉「仲間の入り方②」の活動後
　スキル活動を学んだその日の園庭開放で，早速年長さんの男子に「サッカーのなかまいれて」と声をかける場面が見られました。普段一緒に遊んでいないお友達に話しかけることは娘にとって，大きな勇気が必要だったと思います。スキル活動の中で，みんなと練習できたこと，先生からいっぱいほめてもらったことが大きな自信になり，この勇気につながったのだと思います。ありがとうございました。

〈5歳児の保護者から〉「あたたかい言葉のかけ方①（やさしい言葉をかける）」の活動後
　家庭でもあたたかい言葉をかける機会が少しずつ増えてきました。母親にも『いつもおいしいご飯を作ってくれてありがとう』とやさしく言ってくれるのでうれしい気持ちを伝えます。小さなことでも人のよいところを見つけ，それを相手に伝える大切さをこれからも練習していきたいと思います。

第3節　3，4，5歳児への指導の留意点

（1）活動時間や時期

　子どもの年齢によって活動に集中できる時間には違いがある。そのために，子どもに負担にならないように，スキル活動の実施時間は年齢ごとに変えて設定している。
　3歳児は，紙芝居等を使いながら，10分～20分程度でスキルを教えて練習を行う。また，時期は園に慣れた9月頃から行うようにしている。4歳児では，クラスの友達の名前を覚えることができるように，4月の下旬から当番活を絡めて短時間で行っている。その後，6月のあいさつのスキル活動からは，15分～20分程度で実施できるように計画している。5歳児は，各活動を30分～35分間で計画している。

（2）グループサイズ

　5歳児では，スキルの練習にグループでのロールプレイを取り入れている。各グループの人数は，4～5名で構成している。これは，子ども同士が友達の練習を互いに見ながら自分に取り入れるのに適した人数であると思われる。また，幼児は，子どもだけで相互評価をするのが難しいので，1グループに1人は保護者や教師に入ってもらい，よいところをほめたり，感想を言ったりするなど協力を得ながら行っている。
　4歳児では，ほとんどの活動をクラス全員で行うようにしているが，4月の「友達の名前を呼ぼう」は，互いの名前を覚えるために当番ごとのグループ（4～5人）で実施している。また，10月の「仲間の入り方②」では，ゲームを行うときに子どもが安心して取り組めるように2～3人のグループで行うようにしている。

3歳児では、おもにクラス全体で行っているが、「仲間の入り方①」と「道具の借り方①」は、一人で行うことで不安になる子どももいると予想されるために保護者にも参加してもらい、2人組で取り組むようにしている。

(3) 照れてやりたがらない子どもへの対応

 グループに分かれてゲームやロールプレイを行う際に、友達や大人に見られているために、練習ができない子どもの姿が見られる。本幼稚園では、そのような子どもの姿があっても、それは当然であると思うように教師が共通理解をしている。そして、その場ではできなくても、日常生活のさまざまな場面でそのスキルを使っている姿を確認したり、認めたりすることを心がけている。また、何度かロールプレイを経験していくと、教師と一緒であればできるような子どももいるので、「先生と一緒にやってみる？」「あとで練習しようか」などと、その時々で本人がどうしたいのかを確認することも大切にしている。

 活動中に恥ずかしがったりふざけたりしている子どもを、無理にやらせたり叱ったりしないことが大切である。叱ってしまうと、子どもはスキル学習が嫌いになり、日常生活でもスキルを使ってみようという気持ちになれない。いっぽう、活動中に教師や保護者などからほめられることが多ければ、子どもは、楽しくスキル学習に取り組んでみようという気持ちになる。また、参加できないときでも、子どもの心の中は、その活動に興味津々であり、いつかはやってみたいと思っているはずである。楽しい活動にすること、必ず子どものよいところをほめることを、コミュニケーションスキル学習では大切にする。

(4) 日常生活への生かし方

 日常生活の中で、教師が意識してスキルを使っている子どもを認めたりほめたりしていると、子どもはさらにスキルを使おうとするようになる。このように、コミュニケーション活動の時間だけでなく、日常生活でもスキルを使えるように定着させていくことが大切である。コミュニケーション活動で学習したスキルを日常生活に生かしたり定着させるためには、活動実施後に、教師や保護者が子どものスキルを使っている姿を敏感にとらえ、認めたりほめたりすることが効果的である。

(5) 教師の意識の変化

 コミュニケーション活動を通して幼児期にいろいろなスキルを教えると、子どもが素直にそのスキルを使おうとする姿が見られる。すると、教師は、そのような子どもの姿をとらえて、もっと認めてあげたい、ほめたいと思うようになる。コミュニケーションスキル活動を行うと、子どもの成長をていねいにとらえながら、スキルの定着のためにほめることをさらに心がけるようになり、子どもをほめる視点がたくさん増えてくる。実はこのことが、いちばんの教師の意識の変化ではないかと感じている。

② 幼稚園におけるソーシャルスキル教育のプログラム

福島裕子

第1節 年間プログラム

　ここでは，第1章で述べた宮崎大学教育文化学部附属幼稚園の3年間のプログラム（もくせいの時間）について，各時間の詳細を紹介する。

① 3歳児のプログラム

　3歳児の活動は，基本的に10分程度，長くても20分以内である。活動はクラス単位で行い，紙芝居を用いる形態と，親子ペアで行うゲームの形態がある。

〈3歳児（年少）クラス〉

	ターゲットスキル	時期	概要	指導案
1	あいさつ① おはよう	9月	紙芝居「おはよういっぱい」を使って，気持ちのよい「おはよう」の言い方を身につける	P44
2	あいさつ② ありがとう	11月	紙芝居「チューリップさんありがとう」を使って，気持ちのこもった「ありがとう」の言い方を身につける	P46
3	仲間の入り方①	1月	親子ペアでのゲームを通じて，「仲間に入れて」の言い方を身につける	P48
4	道具の借り方①	2月	親子ペアでのゲームを通じて，「これ貸して」の言い方を身につける	P50

② 4歳児のプログラム

　4歳児の活動は，15〜20分程度である。活動はクラス単位を基本とし，グループに分かれてゲームを行う際の人数は2〜3人とする。

〈4歳児（年中）クラス〉

	ターゲットスキル	時期	概要	指導案
1	友達の名前を呼ぼう	4月	当番活動（班活動）を通じて，友達の名前を覚え，互いに名前で呼び合えるようにする	P52
2	あいさつ③ いろいろなあいさつ	6月	紙芝居「アンパンマンとぴいぴいくん」を使って，いろいろなあいさつの言葉を身につける	P54
3	仲間の入り方②	10月	ゲームを通じて，「仲間に入れて」の言い方を身につける	P56
4	上手な謝り方	1月	紙芝居「ごめんなさい」を使って，気持ちのこもった「ごめんなさい」の言い方を身につける	P58
5	上手な話の聴き方①	2月	紙芝居や絵本の読み聞かせを通じて，「上手な話の聴き方」を身につける	P60

③ 5歳児のプログラム

5歳児ではリハーサルにロールプレイを取り入れるため，活動時間は30～35分と長くなる。学年全体を4～5人ずつのグループに分け，そこに教師2名と保護者2名が加わり，グループごとに学習を進める形態をとる。

本園では，5歳児のクラスでは保護者にも協力をお願いし，年間2～3回程度，活動に参加してもらっている（P43プリント参照）。各活動の前には，P80～91の「保護者プリント」を使って，参加してくれる保護者に活動内容と役割の説明を行っている。

〈5歳児（年長）クラス〉

	ターゲットスキル	時期	概要	指導案
1	上手な話の聴き方②	6月	活動ごとに，子どもたちが日常生活で遭遇しがちな3つの場面を取り上げ，どのような言葉をかけたらよいかを考えたり，実際にロールプレイをしたりする	P62
2	あたたかい言葉のかけ方① やさしい言葉をかける	9月		P64
3	あたたかい言葉のかけ方② よいところをほめる	10月		P66
4	道具の借り方②	11月		P68
5	やさしい頼み方	12月		P70
6	あたたかい言葉のかけ方③ 友達の気持ちに気づいたときの言葉	1月		P72
7	いっしょにつくってあそぼう （5年生との合同学習） ※「紙ずもうバージョン」と「すごろくバージョン」を隔年で行う	2月 (90分)	小学校5年生（翌年に園児が入学したときの6年生）と一緒に，これまでに学んだスキルを使って楽しく活動する。	P74

第2節　各時間の展開

① スキル活動による学習過程

各時間の活動は，P15で説明したSSEの進め方に従って，次のように展開する。

（1）つかむ（言語的教示）

目標とするスキルを言葉で説明する。これにより，対人的行動の基本的な心構え，対人場面での具体的行動，対人関係における重要な社会的ルールを教える。そのスキルがなぜ必要なのか，そのスキルを使うとどんなメリットがあるのかも理解させる。

（2）気づく（モデリング）

教えようとするスキルを教師が実際に手本としてやって見せて，そのスキルのどこが適切なのかについて，子どもたちと意見交換をする。そのスキルを実行した結果，どのような状態になったかについても確認させ，その重要性を理解させる。

活動の流れとスキルのポイントは子どもたちにわかりやすく示しておこう！

活動の流れ / スキルのポイント

（3）やってみる（行動リハーサル）

（1）や（2）で示した適切なスキルを，繰り返し反復練習する。日常の具体的な場面を想定して，子どもの頭の中で考えさせたり，実際の行動としてロールプレイで体験させたりする。

（4）ふり返る（フィードバックと強化）

教師や保護者は，（3）で子どもが示した行動に対し，適切な行動や考えをほめて肯定的なフィードバックを与える。それによって，学んだスキルを日常生活の場面でも実行してみようという意欲を子どもに高める。

（5）事後指導（定着を促す指導）

学んだスキルが日常でも実践されるように促す。そのために学んだスキルを機会あるごとに思い出させたり，日常生活の中で使っている場面をみつけて賞賛したりする。

本園では，「振り返りカード」を使って，毎時間の学習内容を家庭にも詳しく伝え，約1週間かけて子どもの姿を注意深く観察し，変化を記入してもらっている。これにより，学習後に親子でも学んだスキルをふり返ることができる。

第Ⅰ部　幼稚園でのソーシャルスキル教育

② 保護者向けプリント（資料）

振り返りカードの例（5歳児，1時間目）

もくせいの時間で学んだことの定着のために

本日は，もくせいの時間に「上手な話の聴き方」を練習しました。
話を聴くとき，
　○　今，していることをやめる。
　○　話している人に体を向ける。
　○　話している人の顔を見る。
　○　話の内容を考えながら聴く。
　○　最後まで聴く。
などのポイントを学び，話をしっかり聴くことの大切さを知り，態度を身に付ける機会をつくりました。おうちでもお父さんやお母さんの話をしっかり聴くように伝えましたので，それぞれのご家庭で，子どもが話をしっかり聴いているときにはほめてあげてください。また，子どもの話の聴き方で気づかれたことをお知らせください。1週間の中での様子をお願いします。

-------- きりとりせん --------

もくせいカード（1時間目）

5歳児保護者への協力依頼

もくせいの時間　計画・●●組（保護者）　　　　平成●●年5月29日

○　もくせいの時間の計画を立てました。ご協力をお願いします。
＊　予定の変更がある場合には，事前にお知らせいたします。
＊　都合のつかない場合には，どなたかと代わっていただき必ず担任に連絡してください。

グループ	1グループ	2グループ	3グループ	4グループ
担任の先生	A先生 B先生	C先生 D先生	E先生 F先生	G先生 F先生
1	6月25日（木） 説明会 6/23（火） （11:05～11:35）	●● ●●	●● ●●	●● ●●	●● ●●
2	9月10日（木） 説明会 9/7（月） （13:30～13:50）	●● ●●	●● ●●	●● ●●	●● ●●
3	10月23日（金） 説明会 10/20（火） （13:30～13:50）	●● ●●	●● ●●	●● ●●	●● ●●
4	12月2日（水） 説明会 11/24（火） （13:30～13:50）	●● ●●	●● ●●	●● ●●	●● ●●
5	1月14日（木） 説明会 1/12（火） （13:30～13:50）	●● ●●	●● ●●	●● ●●	●● ●●
6	2月10日（水） 説明会 2/4（木） （11:05～11:35）	●● ●●	●● ●●	●● ●●	●● ●●

★　もくせいの時間は，13:10～13:40に遊戯室で行う予定です。5分前までには遊戯室に集合してください。もくせいの時間中は，子どもたちは大切なことを考えたり，学んだりします。私語は慎んでください。

★　もくせいの時間の実施前には，内容と役割について説明をします。基本的には，園長室を借りて，実施日の前々日までには行いたいと思っています。説明の予定日と時間の確認をお願いします。

★　2月25日（木）は，もくせいの時間の合同学習（小学校5年生，年長児，保護者）を行う予定です。合同学習は，年長児と小学5年生が一緒に活動しながら，これまでに学んだスキルを生かして一緒に活動を行います。その時は，10名ほどの協力者をお願いしたいと思います。計画ができましたら，またお知らせしますので，よろしくお願います。

3歳児　1時間目

あいさつ①
おはよう

あいさつは良好な人間関係をつくる最初の一歩である。あいさつをしたとき，されたときの気持ちよさを知り，あいさつの仕方を身につける。

獲得させたいスキルのポイント
☆ 「おはよう」と言う。
☆ 大きな声で言う。相手を見る。

(20分)

段階	活動内容と教師のかかわり	教材・準備等
つかむ 2分	1　手遊びをする。 ○導入として手遊びをして，あたたかい雰囲気をつくる。 ・「はじまるよ」の歌を歌いながら，歌詞に合わせて手遊びをする。 2　本時のめあてをつかむ。 　　大きな声で「おはよう」を言おう ○「大きな声で」「相手を見て」などの具体的なあいさつの仕方を説明する。	・手遊び「はじまるよ」
気づく 8分	3　紙芝居「おはようがいっぱい」を見て内容を理解する。 ○獲得させたいスキルのポイントがわかるように読む。 〈「おはようがいっぱい」のあらすじ〉 　朝，けんたくんは，「おはようございます」と大きな声で言うとママにほめられました。うれしくなったけんたくんは，窓から見えるネコさんやスズメさんなどに自分から「おはよう」とあいさつするお話です。	・「おはようがいっぱい」（作・画 しばはら・ち，教育画劇）

(1) けんたくんが，朝，起こされた場面（1枚目）
○大きな声であいさつができたけんたくんのうれしい気持ちに気づかせるために，教師が大きな声で「おはようございます」を言う。
(2) 元気にあいさつができてほめられた場面（2枚目）
○けんたくんのように大きな声で「おはようございます」と言うように促す。
(3) いろいろな動物にあいさつをする場面（3, 4, 5, 6枚目）
○けんたくんが見ている動物とは違う鳴き声や声が聞こえるので驚いている様子がわかるような読み方をする。また，仕かけを効果的に生かすような工夫をする。
(4) 朝ご飯を食べようとしている場面（7枚目）
○「いただきます」を「おはよう」と間違えたのではないかと思われるが，実は理由があることを期待させながら読むようにする。
(5) みんなで「おはようございます」を言ってみる場面（8枚目）
○けんたくんは，「おはよう」をたくさん言えてうれしかったという思いを込めて読み，聴いている子どもにも「おはようございます」を言ってみたいと思えるような雰囲気づくりをする。

| やってみる 5分 | 4 「おはようございます」を言う練習をする。
○下記のスキルのポイントを意識しながら，みんなで一緒に練習する。

あいさつのポイント
・「おはよう」と言う
・大きな声で言う
・相手を見る

○スキルのポイントに照らして，子どもの態度を具体的にほめる。 |  |

| 振り返る 5分 | 5 本時の活動を振り返る。
○「おはよう」を言う大切さを感じたと思われるので，言われた人はもっとうれしい気持ちになることを伝える。
○活動中，一生懸命に聞いていた態度をほめる。
○日常生活でもあいさつしようと促す。 | |

3歳児　1時間目

あいさつ②
ありがとう

「ありがとう」を言ったとき，言われたときの気持ちを知り，気持ちを込めた「ありがとう」の言い方を身につける。

獲得させたいスキルのポイント
☆　「ありがとう」の言葉を言う。
☆　聞こえる声で言う。相手を見る。笑顔で言う。気持ちを込めて言う。

（12分）

段階	活動内容と教師のかかわり	教材・準備等
つかむ 2分	1　手遊びをする。 ○導入として手遊びをして，あたたかい雰囲気をつくる。 ・「はじまるよ」の歌を歌いながら，歌詞に合わせて手遊びをする。	・手遊び「はじまるよ」
	2　本時のめあてをつかむ。 　気持ちを込めて「ありがとう」を言おう ○教師も子どもも，「ありがとう」と言ったときのことを思い出して話し合う。これから見せる紙芝居を，登場人物の気持ちになって見てほしいことを伝える。	
気づく 6分	3　紙芝居「チューリップさんありがとう」を見て内容を理解する。 〈「チューリップさん　ありがとう」のあらすじ〉 　チョウチョのピピとララが菜の花に蜜をもらっていると，大きな鳥がおそってきて，チューリップさんに助けてもらい，心から「ありがとう」を言うお話です。	・「チューリップさんありがとう」 （作・画　奥田怜子，教育画劇）

(1) ピピとララがおいしい蜜を探しに出かける場面（1，2枚目）
○うれしそうに出かけていくピピとララの気持ちが伝わるように読む。
(2) ピピとララがうれしそうに夢中になって蜜を飲んでいるときに大きな鳥がやってくる場面（3，4枚目）
○ピピとララが，大きな鳥に見つけられたことにも気づかずに，うれしそうに蜜を夢中で飲んでいる様子が伝わるように読む。
(3) 大きな鳥が近づき，ピピとララが大慌てで逃げ出していく場面（5枚目）
○大きな鳥が近づいてきて，ピピとララが慌てている様子がわかるような読み方をする。
(4) チューリップさんが声をかけ助けてくれる場面（6，7枚目）
○チューリップさんのやさしい言葉や気持ちに気づかせながら読むようにする。
(5) ピピとララがチューリップさんに助けてもらって「ありがとう」とお礼を言う場面（8枚目）
○感謝の気持ちが伝わるように心を込めて読む。

| やってみる 2分 | 4 「ありがとう」を言う練習をする。
○下記のスキルのポイントを意識しながら，みんなで一緒に練習する。

「ありがとう」のポイント
・聞こえる声で言う
・相手を見る
・笑顔で言う
・気持ちを込めて言う

○スキルのポイントに照らして，子どもの態度を具体的にほめる。 |  |

| 振り返る 2分 | 5 本時の活動を振り返る。
○「ありがとう」と言う大切さや，言われた人はうれしい気持ちになることを伝える。
○活動中，一生懸命に聴いていた態度をほめる。
○日常生活でも「ありがとう」が言えるようになろうと促す。 | |

3歳児　3時間目

仲間の入り方①

親子で一緒にゲームをしながら，仲間に入るときの言葉のかけ方を知り，仲間の入り方を身につける。

獲得させたいスキルのポイント

☆ 「仲間に入れて」と言う。
☆ 相手の近くに行く。聞こえる声で言う。

(21分)

段階	活動内容と教師のかかわり	教材・準備等
つかむ 3分	1　本時の活動について話し合う。 ○導入として，親子で「おもやのもちつき」のわらべうた遊びをし，あたたかい雰囲気をつくる。 ○仲間に入りたいときに何と言うか，言葉を考えさせる。子どもたちの発表をできるだけ多く受け入れたりほめたりすることで，安心して発言できるようにする。	・親用メダル（赤，青，黄，緑を各5個）。事前に保護者に渡しておく。 ・わらべうた「おもやのもちつき」
	2　本時のめあてをつかむ。 　　「仲間に入れて」と聞こえる声で言おう ○ふだんから友達と仲よく遊べていることをほめる。 ○これからもみんな仲よく遊んでほしいと思っていることを伝え，「仲間に入れて」の練習への意欲を高める。	
気づく 3分	3　仲間の入り方を知る。 ○教師2人が「仲間に入る役」と「受け入れる役」になり，仲間の入り方を演じて子どもにみせる。 ○スキルのポイントを意識した言葉のかけ方，受け入れてもらったときのうれしい気持ちが，子どもにわかるようにする。 　　「仲間に入れて」のポイント 　　・相手の近くに行く 　　・「仲間に入れて」と言う 　　・聞こえる声で言う ○スキルのポイントを意識しながら，教師2人でロールプレイをする。教師が1人の場合は，保護者などに協力してもらう。	・スキルのポイントのカード（保護者用）

第Ⅰ部 幼稚園でのソーシャルスキル教育

やってみる 12分	**4 ゲームのルールを知る。** ○グループ分けをする。親子でペアになり，親と同じ色のメダルを子どもにかける（赤，青，黄，緑を各5組）。 ○ゲームのルールを説明する。教師と代表の親子がモデルとなってやってみせ，ルールを理解しやすくする。 【ルール】 ・「仲間に入れてと言う役」以外の子どもは，好きなフープの中に入る（親はフープの外にいる）。 ・わらべうた「ずくぼんじょ」を全員で歌う。 ・「仲間に入れてと言う役」の親子は，歌の間に，仲間に入りたいグループを探し，歌い終わったら，「仲間に入れて」と言う。 ・「いいよ」と言われたら，フープに入る。 ○フープで待っている親子も，わらべうたを一緒に歌う。全員が活動に参加し，みんなで楽しむようにする。 **5 親子で「仲間入れて」ゲームをする。** ○まず「赤色」の親子が仲間に入るグループを探し，歌い終わったら「仲間に入れて」と言う。 【「仲間に入れて」と言う順番の例】 ①赤の親子→②青の親子→③黄の親子→④緑の親子→⑤赤と青の親子→⑥黄と緑の親子 ○教師や保護者は，「仲間に入れて」と言えるたびに，スキルのポイントに沿って子どもを具体的にほめる。また，「仲間に入れてって言えたね」「仲間に入れてもらってうれしかったね」などとフィードバックする。これにより，活動への意欲を高め，安心感や満足感を味わわせる。 ○どうしても活動したがらない子どもには，無理強いしない。保護者や友達が活動する姿を見せ，後日，日常場面で教師と練習する場を設ける。	・子ども用メダル（赤，青，黄，緑を5個ずつ）。ゲームへの意欲を高めるとともに，グループをわかりやすくする。 ・フープ（7個） ・ガムテープ（固定用） ・わらべうた「ずくぼんじょ」。親しみやすいわらべうたを歌うことで，ゲームへの意欲を高める。 
振り返る 3分	**6 本時の活動を振り返る。** ○仲間の入り方を，スキルのポイントに沿って練習することができたことを確認し，ほめる。また，仲間に入れてもらったときのうれしい気持ちを振り返らせ，実践への意欲を高める。 ○日常生活でも「仲間に入れて」「いいよ」と言えるように促す。	

3歳児③ 4歳児 5歳児

3歳児　4時間目

道具の借り方①

道具の借り方を知り，言葉のかけ方を身につける。

獲得させたいスキルのポイント

☆ 「これ貸して」と言う。
☆ 近くに行く。聞こえる声で言う。

(18分)

段階	活動内容と教師のかかわり	教材・準備等
つかむ 2分	1　本時の活動について話し合う。 ○自分が使いたい道具を友達に借りるときの言葉を思い出させ，その言葉を使ったゲームをすることを伝える。 2　本時のめあてをつかむ。 　　「これ貸して」を言おう ○「これ貸して」の練習をすることを伝え，本時の活動に見通しをもつことができるようにする。	・親用メダル（赤色，黄色，青色）
気づく 5分	3　道具の借り方を知る。 ○教師2人が「道具を借りる役」と「道具を貸す役」になり，道具の借り方を演じて子どもにみせる。 ○スキルのポイントを意識した言葉のかけ方，貸してもらったときのうれしい気持ちが，子どもにわかるようにする。 　　「これ貸して」のポイント 　　・近くに行く 　　・「これ貸して」と言う 　　・聞こえる声で言う 4　ゲームの仕方を知る。 ○グループ分けをする。親子がペアになるように，親と同じ色のメダルを子どもにかけて，クラスを3つのグループに分ける（赤色，黄色，青色）。 ○「これ貸して」ゲームを親子ですることを伝え，安心して活動に取り組めるようにする。	・スキルのポイントのカード（保護者用） ・子ども用メダル（赤色，黄色，青色）

	【ルール】 ・「道具を借りる役の親子」が，「ブロック遊びをしている親子」や「ままごと遊びをしている親子」のどちらかに道具を借りに行く。 ・「これ貸して」と言う。 ・「いいよ」と言う。 ・貸してもらったら「ありがとう」と言い，元の場所に戻って遊ぶ演技をする。	・ブロック遊びの道具 ・ままごと遊びの道具
	○グループで交代して道具を借りる練習をすることを伝え，見通しをもって活動に取り組めるようにする。 ○「道具を借りる役」の親子は，ブロック遊びやままごと遊びの道具を借りに行き，親子で「これ貸して」「ありがとう」の言葉を言う。 ○道具を貸す役は，その場で遊んでいる演技をする。	
やってみる 8分	5　親子で「これ貸して」ゲームをする。 ○まず赤色の親子が「道具を借りる役」になり，ブロック遊び（黄色）か，ままごと遊び（青色）に，道具を借りに行く。 【「道具を借りる役」の順番】 ①赤色→②黄色→③青色 ○一人ではできない子どももいると思われるので，できないときには保護者と一緒に実践できるようにする。 ○スキルのポイントに沿って具体的に行動をほめ，ポイントを意識させるとともに，達成感や満足感が得られるようにする。 ○道具を借りる言葉を言えたことや，貸してもらってうれしかったときの気持ちに教師や保護者が共感するようにする。	・日常生活の遊びの場面のイメージをもたせるために，ふだん使っている道具を用意する。 
振り返る 3分	6　本時の活動を振り返る。 ○「これ貸して」と言ったこと，道具を貸してもらってうれしかったことなどを振り返らせるとともに，練習したことをほめる。 ○日常生活でも「貸して」「いいよ」と言えるように促す。	

4歳児　1時間目

友達の名前を呼ぼう

名前を呼んだときや呼ばれたときの気持ちを知り，友達の名前を覚えて呼ぶことを身につける。

獲得させたいスキルのポイント

☆　友達の名前を覚えて名前を呼ぶ。
☆　聞こえる声で言う。相手を見る。笑顔で言う。

(13分)

段階	活動内容と教師のかかわり	教材・準備等
つかむ 2分	1　本時の活動について話し合う。 ○名前を覚えて呼んでもらうとうれしい気持ちになること，名前を呼び合うことで友達とさらに仲よくなれることを伝える。 2　本時のめあてをつかむ。 　　聞こえる声で友達の名前を呼んでみよう	
気づく 3分	3　名前の呼び方を知る。 ○担任教師の名前を子どもに呼んでもらう。 ○呼ばれたときのうれしさや，呼び方での大切なことを教師が話す。 ○スキルのポイントと照らし合わせながら，子どもの呼び方のよい点を認めることで，活動への参加意欲を高める。 名前を呼ぶときのポイント ・聞こえる声で言う ・相手を見る ・笑顔で言う	

第Ⅰ部　幼稚園でのソーシャルスキル教育

やってみる
3分

4　今日のお当番の友達の名前を呼ぶ。(4～5人くらい)
○「みんなで友達の名前を呼んでみましょう」と伝え、子どもたちが自発的に名前を呼びたくなるような楽しい雰囲気をつくる。
○教師がその日の当番グループの子どもの名前を一人ずつ紹介し、みんなで一緒に名前を呼ぶ。呼ばれた子どもは大きな声で返事をする。
（例：教師が「このお友達は○○くんです。みんなで呼んでみましょう。○○くんは呼ばれたら大きな声で返事をしてね。では、○○くーん」。○○くんは「はーい」と返事をする。）
○スキルのポイントを意識しながら言うように促す。また、子どもの態度でよかったことを具体的にほめる。

○○くんです
みんなで
呼んでください

振り返る
5分

5　本時の活動を振り返る。
○友達の名前を呼んだときや、呼ばれたときのうれしい気持ちを伝える。
○活動中、一生懸命に聞いていた態度をほめる。
○友達の名前を覚えてほしいことを伝える。
○次回以降、名前を呼ばれる番が順にくることを伝え、期待をもたせる。
（例：この日がAグループだったら「明日はBグループの人の名前を紹介しますね。Bグループは○さん、△さん、□さん、◇さん、▽さんの5人です。楽しみにしていてください」と予告しておく。全部のグループが終わるまで、毎日繰り返す。）

3歳児　4歳児❶　5歳児

4歳児　2時間目

あいさつ③
いろいろなあいさつ

いろいろな場面でのあいさつの仕方を知る。また，あいさつをしたときやされたときの気持ちを知り，いろいろな場面でのあいさつの仕方を身につける。

獲得させたいスキルのポイント

☆　いろいろなあいさつの言葉を知る。
☆　聞こえる声で言う。相手を見る。笑顔で言う。

(15分)

段階	活動内容と教師のかかわり	教材・準備等
つかむ 2分	1　わらべうた遊びをする。 ○わらべうた遊びをして，あたたかい雰囲気をつくる。 2　本時のめあてを知る。 　いろいろなあいさつをしよう ○あいさつに関心がもてるように，さまざまなあいさつの言葉が出てくる紙芝居であることを伝える。	・わらべうた「おちゃをのみに」
気づく 9分	3　紙芝居「アンパンマンとぴいぴいくん」を見て，内容を理解する。 〈紙芝居「アンパンマンとぴいぴいくん」あらすじ〉 　アンパンマンたちが，偶然に見つけた卵からかえった赤ちゃんどりを育てながら，「いただきます」や「おやすみなさい」などのいろいろなあいさつを教えていくお話です。	・「アンパンマンとぴいぴいくん」 （原作・やなせたかし，作画・トムスエンタテイメント，フレーベル館）

	(1) 「こんにちは」を言う場面（3枚目） (2) 「いただきます」を言う場面（4枚目） (3) 「おやすみなさい」を言う場面（5枚目） (4) 「おはよう」を言う場面（6枚目） (5) 「さようなら」を言う場面（8枚目） ○紙芝居の中のあいさつの言葉を隠し，子どもたちと一緒に，どんなあいさつの言葉かを考える。 ○あいさつのスキルのポイントがわかるように，保育者は紙芝居の読み方を工夫する。 ○「聞こえる声で」「笑顔で」など，スキルのポイントを言葉でも表現することで，具体的に理解させる。 ○紙芝居の中の登場人物の表情に注目させながら，あいさつをするときやされたときの気持ちに気づかせる。	
やってみる 2分	4　スキルのポイントを押さえながら，あいさつの練習をする。 ○「ぴいぴいくん」のペープサートを使って，みんなで一緒に，いろいろなあいさつを振り返る。 　　　・こんにちは　　　・いただきます 　　　・おやすみなさい　・おはよう 　　　・さようなら ○スキルのポイントを伝え，意識しながら練習する。 【いろいろなあいさつのポイント】 ・いろいろなあいさつの言葉を知る ・聞こえる声で言う ・相手を見る ・笑顔で言う ○ポイントに照らして，子どもの態度を具体的にほめる。 ○ほかのあいさつの言葉に気づく子どもの発言があった場合は，一緒に練習する機会を設ける。	・ペープサート（ぴいぴいくん）
振り返る 2分	5　本時の活動を振り返る。 ○あいさつをする大切さを知り，あいさつされた人はうれしい気持ちになることを伝える。 ○活動中，一生懸命に聞いていた態度や練習したことをほめる。 ○日常生活でもあいさつをするように促す。	

4歳児　3時間目

仲間の入り方②

仲間に入るときの言葉のかけ方を知り，仲間の入り方を身につける。

獲得させたいスキルのポイント
☆　「仲間に入れて」の言葉を言う。
☆　近くに行く。聞こえる声で言う。相手を見る。笑顔で言う。

(23分)

段階	活動内容と教師のかかわり	教材・準備等
つかむ 5分	1　本時の活動について話し合う。 ○子ども同士のペアをつくり，さらにクラス全体を2つのグループに分ける。誰と誰をペアにするか，どのようにグループ分けするかは，実態に合わせて事前に決めておく。 ○グループの色を決め，メダルを首にかける。自分たちのグループの色を意識させる。 ○ペアで，わらべうた遊びをしながら，楽しい雰囲気づくりをする。	・2色（赤・黄）のメダル ・わらべうた「なかなかほい」
	2　本時のめあてをつかむ。 　　友達の仲間に入ろう ○みんなと仲よくなれるように，楽しいゲームをすることを伝え，意欲を高める。	
気づく 5分	3　仲間に入るときの言葉のかけ方を知る。 ○教師2人が「仲間に入る役」と「受け入れる役」になり，子どもの前で手本を示し，スキルのポイントに気づかせる（次ページのゲームのルールも参照）。 　　「仲間に入れて」のポイント 　　・「仲間に入れて」と言う 　　・近くに行く 　　・聞こえる声で言う 　　・相手を見る 　　・笑顔で言う ○教師は仲間に入れてもらったときのうれしい気持ちも語り，ゲームへの意欲を高める。	

4 ゲームのルールを知る。

○グループ分けをする。「仲間に入れてもらう役」（赤色）と，「フープに入っている役」（黄色）に分かれる。
○メダルの色でグループの役割を意識させながら，楽しく参加できるように，手本を示しながらルールについて説明する。

【ルール】
・「フープに入っている役」のペアは，好きなフープに入って待つ。
・曲が始まったら，「仲間に入れてもらう役」のペアは，好きな場所を歩き回る。
・曲が止まったら，自分の入りたいフープの中のペアに「仲間に入れて」と言う。
・「いいよ」と言われたら「ありがとう」と言いながらフープに入る。

○「仲間に入れてもらう役」は，「フープに入っている役」に「仲間に入れて」と声をかけることをしっかり伝える。
○入れてもらえたうれしい気持ちを伝え，「仲間に入れて」と言われたら「いいよ」と言える雰囲気をつくる。
○「フープに入っている役」のグループは座って待ち，曲に合わせて歌ったり，手をたたいたりしながら，楽しい雰囲気でゲームが進められるようにする。

・フープ（大5個）
・ガムテープ（固定用）
・CDプレーヤー
・CD「森のくまさん」

・フープは滑らないように，床にガムテープで固定する。

やってみる 10分

5 「仲間に入れて」ゲームをする。
○まず赤色のペアが「仲間に入れてもらう役」になる。
○ゲームに慣れるまでは，曲が終わってからフープに入らせる。
○声をかけることをためらっている子どもには，教師が一緒に「仲間に入れて」と言うことで，安心感をもたせる。
○1つのフープに人数が集中しているときは，空いているフープがあることに気づかせ，入るフープを選ばせる。
○獲得させたいスキルのポイントを確認する。
○「仲間に入れて」と言えたことや，入れてもらったときのうれしさを，教師や友達と共感できるようにする。
○スキルを身につけさせるため，2回以上繰り返す。
○「仲間に入れてもらう役」を黄色ペアと交代する。

振り返る 3分

6 本時の活動を振り返る。
○楽しかったことや「仲間に入れて」と言ったときのこと，仲間に入れてもらってうれしかったことなどを一緒に振り返りながら，その気持ちや態度をほめる。
○日常生活でも「仲間に入れて」の言葉が言えるように促す。

4歳児　4時間目

上手な謝り方

「ごめんなさい」を言ったとき，言われたときの気持ちを知り，「ごめんなさい」の言い方を身につける。

獲得させたいスキルのポイント

☆　「ごめんなさい」の言葉を言う。
☆　相手を見る。聞こえる声で言う。気持ちを込めて言う。

(13分)

段階	活動内容と教師のかかわり	教材・準備等
つかむ 2分	1　わらべうた遊びをする。 ○わらべうた遊びをしながら，あたたかい雰囲気をつくる。	・わらべうた「せっせっせ」
	2　本時のめあてをつかむ。 「ごめんなさい」を言おう ○「ごめんなさい」と言ったときや言われたときの気持ちを考えさせ，これから紙芝居を見ることを伝える。	
気づく 5分	3　「ごめんなさい」の絵本を読んで内容を理解する。 ○登場人物の思いや状況に気づかせながら，スキルのポイントが伝わるように読む。 〈「ごめんなさい」のあらすじ〉 　おじいちゃんが大切にしているお花を折ってしまいどうしたらよいかわからずにいるにゃんた。おじいちゃんは，困っているにゃんたを見ながらも，正直に「ごめんなさい」が言えたことをうれしく思ったお話です。	・「ごめんなさい」（作・画 いもとようこ，岩崎書店）

(1) 花を折ってしまった場面（場面１）
○花を折ってしまった主人公の気持ちやおじいちゃんの気持ちが伝わるようにする。
(2)「ごめんなさい」を言う場面（場面２）
○「ごめんなさい」を言うときは，手本となるように気持ちを込めて話し，スキルのポイントに気づかせる。
○「ごめんなさい」と言われた相手の思いにも気づけるように，読むときの間を大切にする。
(3)「ごめんなさい」を言った後の場面（場面３）
○「ごめんなさい」と言ってホッとした後のうれしい思いが伝わるように明るい声で話す。
○日常生活では，「ごめんなさい」のあとには，「いいよ」と言うように促すが，作品中には「いいよ」のセリフがない。そこで，「おじいちゃんは，小さい声で『いいよ』と言っているのかもしれないね」などと説明すると，後の指導につなげやすい。

やってみる 3分	4 「ごめんなさい」を言う練習をする。 ○パペットを登場させて，スキルのポイントを確認する。 　　「ごめんなさい」のポイント 　　・「ごめんなさい」と言う 　　・相手を見る 　　・聞こえる声で言う 　　・気持ちを込めて言う ○パペットに向かって先生が「ごめんなさい」を言う。 ○子どもたちが気持ちを込めて「ごめんなさい」と言えるような雰囲気をつくる。 ○スキルのポイントに照らして，子どもの態度を具体的にほめる。	・パペット（指人形や子どもが好きなぬいぐるみでもよい。） 
振り返る 3分	5 本時の活動を振り返る。 ○「ごめんなさい」と言う大切さや，言ったとき，言われたときの気持ちを伝える。 ○活動中，一生懸命に聞きながら練習した態度をほめる。 ○日常生活でも，スキルのポイントを使って「ごめんなさい」が言えるように促す。	

（3歳児　4歳児❹　5歳児）

4歳児　5時間目

上手な話の聴き方①

話を聴くことの大切さや話を聴いてもらったときのうれしい気持ちがわかり，上手な話の聴き方を身につける。

獲得させたいスキルのポイント

☆　今していることをやめる。相手に体を向ける。相手の顔を見る。

（18分）

段階	活動内容と教師のかかわり	教材・準備等
つかむ 3分	1　本時の活動について話し合う。 ○わらべうた遊びをしながら，あたたかい雰囲気をつくる。 ○普段の様子をほめながら，しっかり話を聴く大切さについて伝える。 2　本時のめあてをつかむ。 　話をしっかり聴こう	・わらべうた 「おもやのもちつき
気づく 5分	3　上手な話の聴き方を知る。 ○上手な話の聴き方のポイントについて，絵カードを使って説明する。 いましていることをやめる　　からだをむける　　かおをみる 今していることをやめる　　体を向ける　　顔を見る ○話をする人は，相手がしっかり話を聴いてくれるとうれしい気持ちになることを伝える。	・絵カード（3つのスキルのポイント）

やってみる 7分	4　スキルのポイントをおさえながら，紙芝居を聴く。 ○上手な話の聴き方のスキルのポイントを意識しながら，紙芝居の話を聴くように伝える。  ○登場人物の気持ちになってしっかり聴くと，話の内容がよくわかり，紙芝居をより楽しめることを伝える。 ○紙芝居はどんなものでもよいが，聴き方がしっかりできるようになることが目的なので，子どもが集中するもの，楽しめるものを選択する。 ○子どもが関心をもち喜んで話を聴くことができるように，話の筋に沿って読み方を工夫する。 ○表情や反応を確かめながら，上手に話を聴いている子どもの態度をほめ，スキルが身につくようにする。	・紙芝居（子どもが興味をもって聴けるものを選ぶ）
振り返る 3分	5　本時の活動を振り返る。 ○話の聴き方のポイントを，絵カードを用いて振り返る。 　　　上手な話の聴き方のポイント 　　　・今していることをやめる 　　　・体を向ける 　　　・顔を見る ○話を聴く大切さや話を聴いてもらったときの教師のうれしい気持ちを伝える。 ○活動中，一生懸命に話を聴いていた子どもの態度をほめる。 ○日常生活でも上手な話の聴き方ができるように促す。 ○わらべうた遊びをして，あたたかい雰囲気のなかで終わる。 ○活動のあと，絵カードは壁に貼っておく。	

5歳児　1時間目

上手な話の聴き方②

話を聴く大切さを知り，上手に話を聴く態度を身につける。

獲得させたいスキルのポイント

態度面：今していることをやめる。話している人に体を向ける。話している人の顔を見る。
その他：話の内容を考えながら聴く。最後まで聴く。

(30分)

段階	活動内容と教師のかかわり	教材・準備等
つかむ 5分	1　場面絵を見て，話を聴く大切さについて考える。 ○先生の話をしっかり聴いていたら楽しくゲームができたというエピソードを紹介し，話を聴く大切さについて考えさせる。 先生の話「長い針が10になったら，遊戯室にタオルを持って集まろう」 先生の話を聴いている場面　　楽しくゲームをしている場面 2　本時のめあてをつかむ。 話をしっかり聴こう	・場面絵「上手な話の聴き方」 ・ホワイトボード（「活動の流れ」や「スキルのポイント」を貼る） ・机（絵カードや役割カードを置いておく）
気づく 5分	3　上手な話の聴き方のスキルのポイントを知る。 ○絵カードを使って話の聴き方のポイントを理解させる。 いましていることをやめる　からだをむける　かおをみる　かんがえながらきく　さいごまできく 今していることをやめる　体を向ける　顔を見る　考えながら聴く　最後まで聴く	・スキルのポイントの絵カード

	4 上手な話の聴き方を知る。 ○教師2人が「話す人」役と「聴く人」役になり，上手な話の聴き方を演じて子どもに見せる。 ○話を聴く人を意識できるように，「聴き手役」の教師を中心に見るように伝える。 ○「話す人」役の教師は，しっかり聴いてくれるとうれしいことを伝える。	・役割カード 「はなすひと」「きくひと」
	5 グループ練習での約束事を確認する。 ○自分の力が出せるようにグループでの約束事を確認する。 ・笑わない ・恥ずかしがらない	
やってみる 15分	6 グループに分かれて練習する。　➡ 保護者用資料 P80 ○グループごとに場所を移動する。 ○1グループの人数は，子ども5～6人，保護者2人，担当教師で構成する。 ○以下の3つの場面について，教師が話し手になり，子どもはスキルのポイントに気をつけて話を聴く。 　場面1　遊戯室に集まるときの話を聴く。 　場面2　「お当番は足りない物をもらって来てください」と，もらってくる物を聴く。 　場面3　明日持ってくる物を聴く。 ○教師の話のあと，子どもが話の内容を理解しているかを確かめるために，質問をする。 ○保護者は子どもの話の聴き方のよいところをほめる。	・グループの番号カード ・役割カード 「はなすひと」「きくひと」 ・スキルのポイントの絵カード（各グループ）
振り返る 5分	7 本時の活動を振り返る。 ○最初の場所に集合する。 ○上手な話の聴き方について考えたことをたずねたり，練習の態度をほめたりする。 ○日常生活でも上手な話の聴き方ができるように促す。	

5歳児　2時間目

あたたかい言葉のかけ方①
やさしい言葉をかける

困っている友達にやさしい言葉をかける大切さを知り，言葉をかける方法を身につける。

獲得させたいスキルのポイント

態度面：相手に近づく。その人をきちんと見る。聞こえる声でやさしく言う。
その他：困っている友達に気づく。

（35分）

段階	活動内容と教師のかかわり	教材・準備等
つかむ　5分	1　場面絵を見て，友達への言葉のかけ方を考える。 ○友達が泣いているとき，どんな言葉をかけたりどんなことをしてあげたりするかを考えさせる。 友達が泣いている場面　　声をかけている場面 2　本時のめあてをつかむ。 　困っている友達にやさしい言葉をかけよう	・場面絵「泣いている友達への言葉のかけ方」
気づく　5分	3　困っている友達への言葉のかけ方のスキルのポイントを知る。 ○やさしい言葉をかけるには，相手が困っていることに気づくことが大切であることを伝える。 ○絵カードを使って，言葉のかけ方のポイントを理解させる。 困っている友達に気づく　近くに行く　きちんと見る　聞こえる声でやさしく言う	・スキルのポイントの絵カード

64

	4 やさしい言葉のかけ方を知る。 ○教師2人が「困っている人」の役と「気づく人」の役になり，友達へのやさしい言葉のかけ方を演じて子どもに見せる。 ○ロールプレイの内容は，①泣いている友達に「どうしたの？」と言葉をかける。②「ケガをしたの」と応えた友達に，「保健室に一緒に行こうか？」とやさしく伝える。 ○やさしい言葉のかけ方を意識させるために，2つの役のうち，「気づく人の役」の教師に注目するように伝える。 ○「気づく人」の役が，やさしい気持ちを言葉で表現できていたか，スキルのポイントを使いながら子どもと確認する。 ○「困っている人の役」の教師が，やさしい言葉をかけてもらったときのうれしい気持ちを伝える。	・役割カード
	5 グループ練習での約束事を確認する。 ○自分の力を出せるようにグループでの約束事の確認をする。 ・笑わない ・恥ずかしがらない	
やってみる 20分	6 グループに分かれて練習する。　➡ 保護者用資料P82 ○グループごとに場所を移動する。 ○1グループの人数は，子ども5〜6人，保護者2人，担当教師で構成する。 ○以下の3つの場面について，スキルのポイントを意識しながら練習する。 　場面1　泣いている友達へのやさしい言葉のかけ方 　場面2　弁当を食べるとき，座る場所がなくて困っている友達へのやさしい言葉のかけ方 　場面3　片づけのとき，カラー積み木をたくさん出して困っている友達へのやさしい言葉のかけ方 ○場面1では，教師が進行役，保護者が泣いている役となり，子どもはやさしい言葉をかける役をする。 ○場面2，場面3では，教師が子どもに状況を説明し，その子どもが考えたやさしい言葉を言わせる。 ○練習中，言葉のかけ方で工夫しているところを教師や保護者がほめる。	・グループの番号カード ・役割カード 「こまっているひと」 「きづくひと」 ・スキルのポイントの絵カード（各グループ）
振り返る 5分	7 本時の活動を振り返る。 ○最初の場所に集合する。 ○今日の練習のなかで，やさしい言葉を考えたこと，やさしい言葉をかけていた態度をほめる。 ○日常生活でも，困っている友達がいたら，やさしい言葉をかけるように促す。	

5歳児　3時間目

あたたかい言葉のかけ方②
よいところをほめる

友達のよいところに気づき，ほめる大切さを知り，言葉のかけ方を身につける。

獲得させたいスキルのポイント

態度面：相手に近づく。相手をきちんと見る。聞こえる声でやさしく言う。笑顔で言う。
その他：相手のよいところを見つける。

(35分)

段階	活動内容と教師のかかわり	教材・準備等
つかむ 5分	1　場面絵を見て，友達への言葉のかけ方を考える。 ○友達から「上手だね」と言われたときにどんな気持ちになるかまた，ほかにもどんなことをほめられるとうれしいかを考えさせる。 友達が絵を描いている場面　　ほめる場面 2　本時のめあてをつかむ。 　友達のよいところを見つけてほめよう	・場面絵「絵を描いている友達をほめる」
気づく 5分	3　よいところを言葉で伝えるときのスキルのポイントを知る。 ○ほめるためには，相手のよいところに気づくことが大切であることを説明する。 ○絵カードを使って言葉のかけ方のポイントを理解させる。 よいところを見つける　近くに行く　きちんと見る　聞こえる声でやさしく言う　笑顔で言う	・スキルのポイントの絵カード

	4 ほめる言葉のかけ方を知る。 ○教師2人が「ほめる人」役と「ほめられる人」役になり，一緒に遊ぶ場面でのほめる言葉のかけ方を演じて子どもに見せる。 ○ロールプレイの内容は，「ほめる人」役が友達の描いている絵を見て「上手だね」と言い，「ほめられる人」役が「ありがとう」と喜びながら伝える。 ○ほめる言葉が意識できるように，「ほめる人」役の教師を中心に演技を見るように伝える。 ○「ほめる人」の演技で，子どもとスキルのポイントを確認する。 ○いろいろなほめる言葉についても考え，発表させる。 ・「きれいな色だね」「かわいい絵だね」「かっこいいね」	・役割カード
	5 グループ練習での約束事を確認する。 ○自分の力を出せるようにグループでの約束事を確認する。 ・笑わない ・恥ずかしがらない	
やってみる 20分	6 グループに分かれて練習する。　→ 保護者用資料 P84 ○グループごとに場所を移動する。 ○1グループの人数は，子ども5～6人，保護者2人，担当教師で構成する。 ○以下の3つの場面について，よいところをほめるときのスキルのポイントを意識しながら，ほめる言葉をかける練習をする。 場面1　絵を描いている友達をほめる 場面2　掃除をがんばっている友達をほめる 場面3　カラー積み木で大きな家をつくっている友達をほめる ○場面1と場面2では，教師は進行役，子どもと保護者が「ほめられる役」，子どもが「ほめる役」となる。「ほめられる役」も体験させ，ほめられたときのうれしさを感じられるようにする。 ○場面3では教師が子どもに状況を説明し，子どもが考えたほめる言葉を言わせる。	・グループの番号カード ・役割カード「ほめるひと」「ほめられるひと」 ・場面1で使う，花や虫が描いてある絵 ・フェルトペン，ちりとり，ほうき ・スキルのポイントの絵カード（各グループ）
振り返る 5分	7 本時の活動を振り返る。 ○最初の場所に集合する。 ○ほめる言葉を考えたことや練習の態度を教師がほめる。 ○日常生活でも，友達のよいところを見つけてほめることを促す。	

5歳児　4時間目

道具の借り方②

道具を借りる方法を知り，言葉のかけ方や方法を身につける。

獲得させたいスキルのポイント

言語面：「これ貸して」の言葉をかける。
態度面：近くに行く。相手をきちんと見る。聞こえる声でやさしく言う。笑顔で言う。

(35分)

段階	活動内容と教師のかかわり	教材・準備等
つかむ　5分	1　場面絵を見て，道具の借り方について考える。 ○友達が使っている道具を貸してほしいとき，どのようにしたり言ったりすればよいかを考えさせる。 友達が使っている道具を貸してほしい場面	・場面絵「友達が使っている道具を貸してほしいと思っている」
	2　本時のめあてをつかむ。 　道具の借り方を知り，道具を借りてみよう	
気づく　5分	3　道具の借り方のスキルのポイントを知る。 ○絵カードを使って道具の借り方のポイントを理解させる。 ちかくにいく／きちんとみる／きこえるこえでやさしくいう／えがおでいう 近くに行く　きちんと見る　「これを貸して」と言う　聞こえる声でやさしく言う　笑顔で言う	・スキルのポイントの絵カード
	4　道具の借り方を知る。 ○教師2人が道具を「借りる人」役と「貸す人」役になり，道具を借りるときの言葉のかけ方を演じて子どもに見せる。	

	○ロールプレイの内容は，近くにいる友達に，やさしい言い方で道具を貸してほしいことを伝え，貸してもらえたときは，「ありがとう」と言う。 ○やさしい言い方で「貸してほしい」と言われると気持ちよく貸そうと思うことを，子どもが気づくように演じる。 ○道具の借り方を意識できるように，「借りる役」の教師を中心に見るように伝える。 ○「借りる人」役の演技で，スキルのポイントを子どもと確認する。 ○相手が道具を「使っているとき」と「使っていないとき」の，道具の借り方の違いも説明する。	・役割カード
	5 グループ練習での約束事を確認する。 ○自分の力を出すために，グループでの約束事を確認する。 ・笑わない ・恥ずかしがらない ・ふざけない	
やってみる 20分	6 グループに分かれて練習する。 ➡ 保護者用資料P86 ○グループごとに場所を移動する。 ○1グループの人数は，子ども5～6人，保護者2人，担当教師で構成する。 ○以下の3つの場面について，道具の借り方のスキルのポイントを意識しながら練習する。 場面1 砂場で遊んでいるときの道具の借り方 場面2 段ボールで家をつくっているときの道具の借り方 場面3 絵をかきたいときの，クレヨンの借り方 ○場面1，2では，教師は進行役，1人の子どもが道具を「借りる役」となり，それ以外の子どもと保護者が「貸す役」になる。 ○場面3では教師が子どもに状況を説明し，子どもが考えたクレヨンの借り方を言葉で表現させる。 ○練習中，子どもが言葉のかけ方や態度で工夫しているところをみつけて，保護者や教師がほめる。	・グループの番号カード ・役割カード「かりるひと」 ・スキルのポイントの絵カード（各グループ）
振り返る 5分	7 本時の活動を振り返る。 ○最初の場所に集合する。 ○道具の借り方を考え，練習した態度をほめる。 ○日常生活でも，道具を借りるときの言葉のかけ方を工夫するように促す。	

5歳児　5時間目

やさしい頼み方

人に頼むときには言葉で伝えることを知り，方法を身につける。

獲得させたいスキルのポイント

言語面：してほしいことを言う。
態度面：相手の近くに行く。その人をきちんと見る。聞こえる声でやさしく言う。気持ちを込めて言う。

（30分）

段階	活動内容と教師のかかわり	教材・準備等
つかむ 5分	1　場面絵を見て，友達へのやさしい頼み方を考える。 ○場面絵を見て，どのような状況かを考えさせる。 「一人で片づけるのは大変だなあ」　　声をかけている場面 ○片づける物が多いと，一人では大変であることに気づかせ，近くにいる友達に手伝ってもらうには，どうしたらよいかを考えさせる。	・場面絵「やさしい頼み方」
	2　本時のめあてをつかむ。 　やさしい頼み方をしよう	
気づく 10分	3　やさしい頼み方のスキルのポイントを知る。 近くに行く　きちんと見る　してほしいことを言う　聞こえる声でやさしく言う　気持ちを込めて言う ○絵カードを使って頼み方のポイントを理解させる。また，自分が困っていることや，手伝ってほしい理由も相手に伝えることが大切なことに気づかせる。	・スキルのポイントの絵カード

	4　やさしい頼み方を知る。 ○教師2人が「頼む人」役と「頼まれる人」役になり，友達に頼むときの言葉のかけ方を演じて子どもに見せる。 ○ロールプレイでは，積み木の片づけを手伝ってほしいことを近くにいる友達にやさしく頼み，受け入れてもらう。受け入れてもらったときのうれしい気持ちも子どもが気づくように演じる。 ○やさしい頼み方を意識できるように，「頼む人」役の教師を中心に見るように伝える。 ○「頼む人」の演技で，スキルのポイントを子どもと確認する。	・役割カード
	5　グループ練習での約束事を確認する。 ○各グループの練習では，自分の力を出せるようにグループでの約束事を確認する。 　　・笑わない 　　・恥ずかしがらない 　　・ふざけない	
やってみる 10分	6　グループに分かれて練習する。　➡保護者用資料P88 ○グループごとに場所を移動する。 ○1グループの人数は，子ども5〜6人，保護者2人，担当教師で構成する。 ○以下の2つの場面について，やさしい頼み方のスキルのポイントを意識しながら練習する。 　場面1　道具をたくさん使って遊んだあと，友達に片づけを手伝ってほしいときの頼み方 　場面2　メダルを作っている友達に，折り方を教えてほしいときの頼み方 ○場面1では，1人の子どもが「頼む役」，それ以外の子どもと保護者が「頼まれる役」，教師が進行役となる。 ○場面2では，教師が子どもに状況を説明し，子どもが考えた頼み方を言葉で表現させる。 ○練習中，子どもが言葉のかけ方や態度で工夫しているところを教師や保護者がほめる。	・グループの番号カード ・役割カード 「たのむひと」 ・スキルのポイントの絵カード（各グループ）
振り返る 5分	7　本時の活動を振り返る。 ○最初の場所に集合する。 ○今日の練習のなかで，やさしい頼み方を考えたことや練習の態度をほめる。 ○日常生活の中でもやさしい頼み方ができるように促す。	

5歳児　6時間目

あたたかい言葉のかけ方③
友達の気持ちに気づいたときの言葉

友達の様子からその気持ちに気づいて，あたたかい言葉をかけることの大切さを知り，その方法を身につける

獲得させたいスキルのポイント

言語面：友達の気持ちに合った言葉を考える。
態度面：相手の近くに行く。相手をきちんと見る。聞こえる声でやさしく言う。気持ちを込めて言う。

（30分）

段階	活動内容と教師のかかわり	教材・準備等
つかむ 5分	1　場面絵を見て，友達の気持ちを考える。 ○場面絵を見て，人物がどんな気持ちか，それに友達がどんな言葉をかけているかを考えさえる。 友達が喜んでいる場面　　一緒に喜んでいる場面	・場面絵「喜んでいる友達への言葉のかけ方」
	2　本時のめあてをつかむ。 　友達の気持ちに気づき，あたたかい言葉をかけよう	
気づく 10分	3　相手の気持ちに合った言葉を伝えるときのスキルのポイントを知る。 ○友達の気持ちに気づいたときには，共感した気持ちを言葉や表情，態度などで伝えることが大切であることを伝える。 ○絵カードを使って，共感した気持ちを伝える方法を，理解させる。 ちかくにいく　きちんとみる　きこえるこえでやさしくいう　きもちをこめていう 近くに行く　きちんと見る　合った言葉を考える　聞こえる声でやさしく言う　気持ちを込めて言う	・スキルのポイントの絵カード

72

	4　相手の気持ちに気づき，共感した気持ちを言葉や表情などで伝える方法を知る。 ○教師2人が「気づく人」役と「喜ぶ人」役になり，1の場面絵のシーンを演じて子どもに見せる。 ○ロールプレイでは，「やったー」と言って喜ぶ友達に「気づく人」が「どうしたの？」と理由をたずね，一緒に喜ぶ。 ○友達の気持ちに合った言葉のかけ方を意識できるように，気づく役の教師を中心に見るように伝える。 ○「気づいた人」の演技で，スキルのポイントを子どもと確認する。	・役割カード
	5　グループ練習での約束事を確認する。 ○自分の力を出すために，グループでの約束事を確認する。 　・笑わない　・恥ずかしがらない　・ふざけない	
やってみる 10分	6　グループに分かれて練習する。　➡保護者用資料P90 ○グループごとに場所を移動する。 ○1グループの人数は，子ども5～6人，保護者2人，担当教師で構成する。 ○以下の3つの場面について，友達の気持ちに気づいたときに自分の気持ちを伝えるスキルのポイントを意識しながら練習する。 　場面1　喜んでいる友達に気づいたときの言葉 　　　　（縄跳びができたことを喜んでいる友達） 　場面2　困っている友達に気づいたときの言葉 　　　　（赤白帽子がなくなって困っている友達） 　場面3　「喜んでいる」場面絵と「困っている」場面絵の両方を見て，友達の気持ちに気づいたときの言葉 ○場面1・2では，子どもが安心して取り組めるように，保護者と子どもが一緒に役を演じる。 ○場面3では，教師が2つの場面絵を見せ，気づいたことを言葉で伝えるように促す。 ○練習中，子どもが言葉のかけ方や態度で工夫しているところをみつけて，保護者や教師がほめる。	・グループの番号カード ・役割カード 「きづいたひと」 「よろこんでいるひと」 「こまっているひと」 ・場面3で見せる絵 「喜んでいる友達の絵」「困っている友達の絵」 （→P64） ・スキルのポイントの絵カード（各グループ）
振り返る 5分	7　本時の活動を振り返る。 ○最初の場所に集合する。 ○今日の練習のなかで，言葉のかけ方や態度でよかったことをほめる。 ○日常生活でも相手の気持ちに気づき，言葉をかけるように促す。	

5歳児　7時間目　合同学習活動案　幼稚園児と小学校5年生

いっしょにつくってあそぼう❶（紙ずもう Ver.）

コミュニケーションスキル学習で学んだことを生かしながら，人とのかかわりを広げる。
一緒に作品（紙ずもう）を作って遊ぶことを通して，異学年の友達と親しむ。

（90分）

段階	活動内容と教師のかかわり	教材・準備等
9:45 事前指導（導入） 各園にて実施	1　いままでのコミュニケーションスキル学習を振り返る。 ○スキル学習の各時間の内容を振り返り，獲得したスキルを思い出す。 　　5歳児クラスで学習したスキル 　　・上手な話の聴き方　　・道具の借り方 　　・やさしい頼み方　　　・やさしい言葉をかける 　　・よいところをほめる　・友達の気持ちに気づいたときの言葉 2　合同学習についての説明を聴く。 ○合同学習のねらいや活動内容を知らせ，5年生の友達と親しむことを伝える。 ○合同学習の中で，これまでに学んだスキルを使うことができるように，具体的な場面の例をあげて意識を高める。 ○班の番号を書いた色ガムテープを左肩に貼る。 　　・幼稚園……ピンク 　　・5年生……1組　黄　2組　白　3組　赤 ○小学校の体育館へ移動する。 体育館での班の配置図 舞　台 ① ②　　　　　　　　⑨ ⑩ ③ ④　　　　　　　　⑪ ⑫ 　　　　⑤ ⑥ 　　　　⑦ ⑧ ⑬ ⑭　　　　　　　　⑰ ⑱ ⑮ ⑯　　　　　　　　⑲ ⑳	・スキルのポイントの絵カード （→P60，62，64，66，68，70，72） ・班編成は，年長児男女1人ずつ。5年生5〜6人。 ・1班に1人の保護者に入ってもらう。 ・色ガムテープ ・体育館での1〜20班の配置図
10:05 展開	3　各班に分かれる。 ○自分の班の番号を確認してから，園児，小学生，保護者は班に分かれ，各場所に座る。	・班の番号を書いたカード（並ぶときに保護者が持つ）

	4　本日の活動について説明を聴く。 ○各班で自己紹介をする。 　自己紹介のなかで上手な聴き方やあいさつの仕方ができたことを教師や保護者が賞賛する。 ○わらべうた遊びを2～3人組でする。	・司会用マイク ・わらべうた「おもやのもちつき」
	5　紙ずもうの作り方の説明を聴く。 ○実物を見せながら作り方の説明をする。わからない部分は5年生に手伝ってもらうように伝える。 ○各グループの保護者は，子どもがスキルを使っている姿をとらえ，ほめる。また，子どもが困っているときには，スキルを使うように促す。	・子どもの名前を書いた記録用紙（保護者用） ・紙ずもうの実物 ・おすもうさんの絵を描いた葉書大の画用紙，フェルトペン（20セット），くず入れ，対戦表 ・新聞紙（下敷き用），はさみ，土俵にする空き箱，色鉛筆
	6　紙ずもうを作る。 ○色を塗って，画用紙を切り抜く。 ○手伝ってほしいことを伝えたり，道具の貸し借りをしたりしている助け合う姿をとらえ，賞賛する。 ○困っている友達に気づいて声をかける姿をとらえ，賞賛する。 ○工夫していることを認めて言葉をかけている姿をとらえ，賞賛する。	
	7　グループの中で紙ずもうを使って土俵の上で勝負をする。 ○応援し合ったり，ほめたりする姿をとらえ，賞賛する。	
	8　片づけをする。 ○協力して片づける姿をほめる。	
10:50 終末	9　本時の活動を振り返る。 ○最初のように班ごとに並ばせる。 ○それぞれの班へ賞賛の言葉を伝え，スキルの大切さや日常生活への定着化への意欲を高める。 ○楽しかったことや感じたこと，異学年の友達とのかかわりについて，発表する。 　・子ども（5年生3人，幼稚園4人） 　・保護者（各クラス1名） ○保護者や教師は，子どもがコミュニケーションスキルを使っていた具体的な姿や，あたたかいかかわり方を紹介する。	
11:15	10　帰園する。	

5歳児　7時間目　合同学習活動案　幼稚園児と小学校5年生

いっしょにつくってあそぼう❷（すごろくVer.）

コミュニケーションスキル学習で学んだことを生かしながら，人とのかかわりを広げる。
一緒に作品（すごろく）を作って遊ぶことを通して，異学年の友達と親しむ。

（90分）

段階	活動内容と教師のかかわり	教材・準備等
9:45 事前指導（導入） 各園で実施	1　いままでのコミュニケーションスキル学習の振り返りをする。 ○スキル学習の時間の各内容を振り返り，獲得したスキルを思い出す。 　5歳児クラスで学習したスキル 　・上手な話の聴き方　　・道具の借り方（幼稚園） 　・やさしい頼み方（幼稚園）　・やさしい言葉をかける 　・よいところをほめる　・友達の気持ちに気づいたときの言葉 2　合同学習についての説明を聴く。 ○合同学習のねらいや活動内容を知らせ，5年生の友達と親しむことを伝える。 ○合同学習の中で，これまでに学んだスキルを使うことができるよう，具体的な例をあげて意識を高める。 ○班の番号を書いた色ガムテープを左肩に貼る。 　・幼稚園……ピンク 　・5年生……1組　黄　　2組　白　　3組　赤 ○小学校の体育館へ移動する。 （体育館での班の配置図：舞台の前に1〜20班が円状に配置されている）	・スキルのポイントの絵カード （→P62，64，66，68，70，72） ・班編成は年長児男女1人ずつ。 5年生5〜6人。 ・1班に1人の保護者に入ってもらう。 ・色ガムテープ ・体育館での1〜20班の配置図
10:05 展開	3　班編成をし，各班に分かれる。 ○自分の班の番号を確認してから，園児，小学生，保護者は班に分かれ，各場所へ移動する。	・班の番号を書いたカード（並ぶときに保護者が持つ）

	4　本日の活動について説明を聴く。 ○各班で自己紹介をする。 　自己紹介のなかで，上手な聴き方やあいさつの仕方ができたことを教師や保護者が賞賛する。 ○わらべうた遊びを2～3人組でする。	・司会用マイク ・わらべうた「おもやのもちつき」
	5　作り方と遊び方の説明を聴く。 ○実物を見せながら作り方の説明をする。わからない部分は5年生に手伝ってもらうように促す。 ○各グループの保護者は，子どもがスキルを活用している様子を把握し，賞賛する。また，子どもが何に困っているかを把握し，スキルを使うように促す。	・子どもの名前を書いた記録用紙（保護者用） ・駒の実物 ・すごろくとカード（P78） ・駒用の画用紙，フェルトペン ・さいころ，すごろく（各班2組） ・はさみ，色鉛筆，新聞紙（下敷き用）
	6　自分の駒を作る。 ○画用紙を折って切れ目を入れ，絵を描く。 7　みんなですごろくに色を塗る。 ○手伝ってほしいことを伝えたり，道具の貸し借りをしたりしている助け合う姿をとらえ，賞賛する。 ○保護者や教師は，困っている友達に気づいて声をかける姿をとらえ，賞賛する。 ○工夫していることを認めて言葉をかけている姿をとらえ，賞賛する。	
	8　自分で作った駒を使ってすごろくで遊ぶ。（1班で2組） ○各班で2チームに分かれてすごろくをする。 ○遊びながら助け合う姿をとらえ，賞賛する。	
	9　片づけをする。 ○協力して片づける姿をほめる。	
10:50 終末	10　本時の活動を振り返る。 ○最初のように班ごとに並ばせる。 ○それぞれの班へ賞賛の言葉を伝え，スキルの大切さや日常生活への定着化の意欲を高める。 ○楽しかったことや感じたこと，異学年の友達とのかかわりについて，発表する。 　・子ども（5年生3人，幼稚園4人） 　・保護者（各クラス1名） ○保護者や教師は，子どもがコミュニケーションスキルを使っていた具体的な姿や，あたたかいかかわり方を紹介する。	
11:15	11　帰園する。	

すごろくの例

第Ⅰ部 幼稚園でのソーシャルスキル教育

すごろく用のカードの例

となりのひとがころんでないています。あなたはなんとこえをかけてあげますか？

となりのひとがじょうずにすごろくのこまをつくっています。ほめてあげてください。

となりのひとのつかっているマジックをあなたもつかいたいとおもいます。なんといえばいいですか？

ここは、すなばです。みんなでやまをつくっています。いっしょにあそびたいとき、なんといったらいいですか？

すごろくのこまをつくっているときにとなりのひとがむずかしいところをてつだってくれました。なんといえばいいですか？

3歳児
4歳児
5歳児 ⑦

保護者用プリント 「上手な話の聴き方②」

P62 指導案の6では，保護者，教師，子どもが，グループに分かれて活動します。

保護者の方へのお願い

・**教師**が進行役をします。
・2名の**保護者**の方々は，子どもががんばって聴いている様子を，具体的にほめてください。

――――― ほめる視点（スキルのポイント）―――――
①いま，していることをやめる　　②話している人に体を向ける
③話している人の顔を見る　　　　④話の内容を考えながら聴く
⑤最後まで聴く

「場面1」遊戯室へ集まる

教　師　「上手な話の聴き方の練習を始めます。いまから話すことをよく聴いてください」
教　師　「長い針が10になったら遊戯室にタオルを持って集まってください」
　　　　子どもたちに，「何を持って集まりますか？」「どこに集まりますか？」「長い針が何になったら集まるのですか？」と，3人に1問ずつ尋ねて応えさせる。
保護者A　子どもが応えたら，その都度，聴き方や態度をほめる。
　　　　＊ほめ方の例
　　　　「話をしている人に体をしっかり向けて話を聴いていたね」
　　　　「話している人の顔をしっかり見ていたね」
　　　　「何を話しているかをよく考えながら聴いていたね」等のようなほめ方をする。
教　師　「2番目の話を聴く練習です。いまから話すことをよく聴いてください」
教　師　「長い針が6になったら，世話をする年下の友達の部屋に行って，世話をしてください」
　　　　子どもたちに「長い針が何になったら行きますか？」「どこに行きますか？」「そこで何をしますか？」と2～3人に1問ずつ尋ねて応えさせる。
保護者B　1人の子どもが応えたら，その都度，聴き方や態度をほめる。

「場面2」お当番さんへ指示

教　師　「3番目の話を聴く練習です」「みんながお当番です。よく話を聴いてください」
教　師　「おやつが3個足りないので○○先生にもらってきてください」
　　　　1人の子どもに「何をもらってきたらよいでしょうか？」と尋ね，応えさせる。
　　　　聴き方をほめる。
　　　　以下，内容を変えて一人ずつ応えさせる。
　　　　「お当番さん，お皿が2枚足りないので，○○先生にもらってきてください」
　　　　「お当番さん，牛乳が1個足りないので，……」

「お当番さん，おやつが3個足りないので，……」
「お当番さん，お皿が3枚足りないので，……」
「お当番さん，牛乳が2個足りないので，……」

保護者A・B　全体を通して，応えた子どもの話の聴き方や態度でよかったところをほめる。
教　師　応えられない子どもがいたときには，再度，問題を伝え，応えさせる。
　　　　それでも応えられないときには，「足りないのは○○だったんだよね」と教える。

「場面3」明日の持ち物の連絡

教　師　「今度，プールの遊びがあります。持ってくるものを言います。よく聴いてください」
教　師　「明日は，水着とタオルと帽子を持ってきてください」。
　　　　「何を持ってきたらよいでしょうか？」「今度，何がありますか？」など1人に1問を応えさせる。できたら教師が聴き方をほめる。

「まとめ」カードを見せながら5つのポイントを確認する

教　師　「みんなの話の聴き方が大変よかったですよ。これからも，先生やお父さん，お母さんの話をしっかり聴いてくれるとうれしいです」

☆子どもたちが静かに話を聴けなくなってきたときには，聴き方の上手な子どもをほめましょう。

保護者用プリント

「あたたかい言葉のかけ方① やさしい言葉をかける」

P64 指導案の6では，保護者，教師，子どもが，グループに分かれて活動します。

保護者の方へのお願い

- **教師**が進行役をします。
- 1人の子どもが「気づく人の役」になります（子どもは順番で練習）。
- **保護者A**は，「困っている（泣いている）人の役」になってください。
- **保護者B**は，観察役となり，毎回，次の4つの視点や，子どもがやさしい言葉をかけていることをほめてください**（保護者の役割は途中で交代）**。

――― ほめる視点（スキルのポイント）―――
①困っている友達に気づく　　②近くに行く
③きちんと見る　　④聞こえる声でやさしく言う

「場面1」泣いている友達へ言葉をかける

教　師　「これからみんなで練習をしましょう」と言って，最初に「気づく人の役」になる子どもを決める。

保護者A　「泣く」演技をする。

教　師　「泣いている人がいますね。どうしたのかな？　聞いてみる？」

子ども　泣いている友達に気づく。近づく。「どうしたの？」と声をかける。

保護者A　「転んで血が出たの」と言う。

教　師　「泣いている人に，どんな言葉をかけてあげますか？」と子どもに尋ねる。
　　　　　子どものやさしい言葉が出るまで待つ。子どもがどうしても言えないようであれば，「血が出てるみたいよ。痛そうだね。何か言ってあげようか」などと言い，やさしい言葉をかけるように促す。（例：保健室に一緒に行こうか）

保護者A　「うん，ありがとう」と応える。

教　師　「気づく人の役」の子どもを教師の横に立たせ，「どんなところがよかったか，お母さんに聞いてみましょう」と言う。

保護者B　やさしい言葉のかけ方や態度をほめる（やさしく言えたことを中心に）。

- みんなで拍手をして次の子どもに交代する。
- 子どもがどうしても演技ができないときには教師が一緒にする。
- 3人の子どもがロールプレイを終えたところで保護者ABの役割を交代する。後半は保護者B

が「しくしく泣く役」をする。
- 全員の終了後，2人の保護者は，「やさしい言葉を言われたときにあったかい気持ちになりました」「やさしい言葉をかけてくれてすごいね」など，感想を子どもたちに言う。

「場面2」お弁当の座る場所がないお友達へ言葉をかける

教　師　「弁当を食べるとき，座る場所がなくて困っている友達がいます。あなたは，なんと言ってあげますか？」と尋ねる。

子ども　一人ずつ順に応える。

保護者A　一人一人の子どもの応えをほめたり，やさしい言葉を言われたときの気持ちを話す。「ゆずってあげる」と言う子どもも認める。

教　師　言葉のかけ方をほめたり，やさしい言葉を言われたときの気持ちを話す。
どうしても応えられない子どもには，また，思いついたら教えてほしいことを伝えて，次の子どもに尋ねる。

- みんなで拍手をして次の人に交代する。

「場面3」カラー積み木をたくさん出して困っている友達へ言葉をかける

教　師　「カラー積み木をたくさん出して，片づけられなくて困っている人がいます。あなたは何と言ってあげますか？」と尋ねる。

子ども　一人ずつ順に応える。

保護者B　一人一人の子どもの応えたことをほめたり，やさしい言葉を言われたときの気持ちを話す。

教　師　言葉のかけ方をほめたり，やさしい言葉を言われたときの気持ちを話す。
どうしても応えられない子どもには，また，思いついたら教えてほしいことを伝えて，次の子どもに尋ねる。

- みんなで拍手をして次の人に交代する。

「まとめ」カードを見せながら4つのポイントを確認する

教　師　「困っている友達に気づいたら，いまのように『どうしたの？』と聞いたり，やさしい言葉をかけてあげるとその友達はうれしくなるでしょうね。これからも，みんなのやさしい気持ちを言葉で友達に言ってあげてください。今日は，一生懸命よくがんばりましたね」と，最後に話して終わる。

☆子どもたちが静かに話を聴けなくなってきたときには，聴き方の上手な子どもをほめましょう。

保護者用プリント

「あたたかい言葉のかけ方② よいところをほめる」

P66 指導案の6では，保護者，教師，子どもが，グループに分かれて活動します。

保護者の方へのお願い

- **教師**が進行役をします。
- **子ども**は，「ほめる役」と「ほめられる役」を交代でします。
- **保護者A**は，「ほめられる役」をします。
- **保護者B**は観察役となり，「ほめる役」の子どものほめ方を毎回ほめてください（保護者の役割は途中で交代）。

――――ほめる視点（スキルのポイント）――――
① よいところを見つける　② 近くに行く　③ きちんと見る
④ 聞こえる声で優しく言う　⑤ 笑顔で言う

「場面1」絵を描いている友達をほめる

「ほめられる役」の子どもと保護者A
　　　楽しそうに絵を描いている様子を演技する。
教　師　「○○ちゃんやお母さんが上手に絵を描いていますね。よいところをほめてあげましょう」と「ほめる役」の子どもに言う。
「ほめる役」の子ども　友達が描いている絵をほめる。
教　師　子どもが言えないときは，「○○ちゃんやお母さんにどんな言葉を言ってあげる？」と尋ね，子どもの反応を見る。どうしても言えないときには，教師が一緒に言う。
「ほめられる役」の子どもと保護者A　「ほめてくれてありがとう」と言う。（演技終了）
教　師　「ほめる役」の子どもを横に立たせて，「どんなところがよかったかをお母さんに聞いてみましょう」と言う。
保護者B　「笑顔で言えたね。声の大きさもよかったよ」……など。子ども1人が終了するたびにほめ方のよかったところや感じたことを伝える。
教　師　「ほめられる役」もほめる。（「『ありがとう』とやさしく言えていましたね」など）

- みんなで拍手をして次の子どもに交代する。
- 3人終了後，「ほめられる役」の**保護者A**は，「ほめられたときの気持ち」や「子どものほめ方のよいところ」を言う。

「場面2」掃除をがんばっている友達をほめる

教　師　「次の練習をします」と言う。
　　　　子どもたちは，場面1の「ほめる役」と「ほめられる役」を交代させる。
　　　　保護者Bが今度は「ほめられる役」になる。
教　師　「ほうきとちりとりを持って，○○ちゃんやお母さんが掃除をしていますね」と言う。
「ほめられる役」の子どもと保護者B　（ほうきとちりとりを持って）ごみを集める演技をする。
教　師　「がんばって掃除をしていますね。○○ちゃんとお母さんをほめてあげましょう」と，「ほめる役」の子どもに言う。
「ほめる役」の子ども　掃除をしている友達をほめる。
教　師　子どもが言えないときは，「○○ちゃんやお母さんにどんな言葉を言ってあげる？」と尋ね，子どもの反応を見る。どうしても言えないときには，教師と一緒に言う。
「ほめられる役」の子どもと保護者B　「ほめてくれてありがとう」と言う。（演技終了）
教　師　「ほめる役」の子どもを横に立たせて，「どんなところがよかったかをお母さんに聞いてみましょう」と言う。
保護者A　「笑顔で言えたね。声の大きさもよかったよ」など……。子ども1人が終了するたびにほめ方のよかったところや感じたことを伝える。
教　師　「ほめられる役」の子どものこともほめる。

・みんなで拍手をして，次の子どもに交代する。
・終了後，「ほめられる役」の保護者Bは，「ほめられたときの気持ち」や「子どものほめ方のよいところ」を言う。
・ほかの子どもと違うことを言ったときは，とくにほめる。

「場面3」カラー積み木で大きな家をつくっている友達をほめる

教　師　「最後の練習です。話を聴いて，自分だったらどんな言葉をかけるかを考えてくださいね」「お友達がカラー積み木で大きなすてきな家を作っています。その家を見たあなたは，どうほめてあげますか？」と一人ずつ尋ねる。
　　　　どうしても応えられない子どもには，思いついたら教えてほしいことを伝えて，次の子どもに尋ねる。

・全員が応えた後，保護者A・Bは「ほめられたときの気持ち」「子どものほめ方の上手なところ」を話す。

カードを見せながら5つのポイントを確認する

教　師　「ほめられるとうれしい気持ちになるので，これからも，友達をたくさんほめてくださいね。今日は，一生懸命よくがんばりましたね」と，最後に話して終わる。

☆子どもたちが静かに話を聴けなくなってきたときには，聴き方の上手な子どもをほめましょう。

保護者用プリント 「道具の借り方②」

P68 指導案の6では，保護者，教師，子どもが，グループに分かれて練習します。

保護者の方へのお願い

- **教師**は，進行役をしながら，子どもと一緒に道具を「借りる役」をします。
- **保護者A**は，「借りる役」以外の子どもと一緒に，道具を「貸す役」（遊んでいる役・家を作っている役）になってください。
- **保護者B**は，子どもの演技をほめる役になります（**保護者の役割は途中で交代**）。
- 「場面1」では3人の子どもが，「場面2」では2～3人の子どもが，道具を「借りる役」をします。

――――ほめる視点（スキルのポイント）――――
①近くに行く　　②きちんと見る　　③「これを貸して」と言う
④聞こえる声で優しく言う　　　⑤笑顔で言う

「場面1」砂場で遊んでいるときの道具の借り方

教　師　「これからみんなで練習をしましょう」「ここは砂場です。山づくりをしています」
　　　　※具体物は使用しないで，演技をする。
「貸す役」の子どもと保護者A　一緒に砂場で山づくりをしている様子を演技する。
「借りる役」の子どもと教師　近くの砂場で山をつくる演技をする。
教　師　「借りる役」の子どもに「じょうろを使いたいね」「あの人たち，いま使っていないみたい。貸してもらおうか」と言い，道具を「借りる役」の子どもに尋ねさせる。
「借りる役」の子ども（1人目）　「じょうろを貸して」と言う。
教　師　「貸す役」の子どもたちの肩を，「ねえねえ」と軽くたたくことを伝える。
　　　　子どもが「貸して」を言えないときには，一緒に言うようにする。
「貸す役」の子どもと保護者A　「いいよ」と言う。
「借りる役」の子どもと教師　「ありがとう」と言い，演技は終了。
教　師　「借りる役」の子どもを横に立たせて，「どんなところがよかったかをお母さんに聞いてみましょう」と言う。
保護者B　「笑顔で言えたね。声の大きさもよかったよ」など，道具の借り方のよかったところを子どもの演技の中からほめる。
教　師　「貸す役」の子どもたちのこともほめる（「やさしく貸せてよかったよ」など）。

- みんなで拍手をして，次の子どもに交代する。
- 子どもから借りたい道具が出てきたら，「〇〇を貸して」と言う。
- 3人の子どもが「貸す役」を終えたところで，場面2へ移る。役割を交代する。

「場面2」段ボールで家をつくっているときの道具の借り方

教　師　「これから次の練習をしましょう」「段ボールで家を作っています」
「貸す役」の子どもと保護者B　段ボールの家作りをしている演技をする。
「借りる役」の子どもと教師　近くで段ボールの家作りの演技をする。
教師は「借りる役」の子どもに「ガムテープがいるね」「あの人たち，いま，使っていないみたいよ」「ガムテープを貸してもらおうか」と言い，子どもに尋ねさせる。
「借りる役」の子ども　「ガムテープを貸して」と言う。
教　師　「貸す役」の子どもたちの肩を，「ねえねえ」と軽くたたくことを伝える。
子どもが「貸して」を言えないときには，一緒に言うようにする。
「貸す役」の子どもと保護者B　「いいよ」と言う。
「借りる役」の子どもと教師　「ありがとう」と言い，演技は終了。
教　師　「借りる役」の子どもを横に立たせて，「どんなところがよかったかをお母さんに聞いてみましょう」と言う。
保護者A　「笑顔で言えたね。声の大きさもよかったよ」など，道具の借り方のよかったところを子どもの演技の中からほめる。
教　師　「貸す役」の子どもたちのこともほめる。

・みんなで拍手をして，次の子どもに交代する。
・子どもから出てきた道具○○があれば，「○○を貸して」と言う。
・残りの子ども2～3人が「貸す役」を終えたところで場面3へ移る。

「場面3」絵を描きたいときのクレヨンの借り方

教　師　「次の練習です。話を聴いて自分だったらどんな言葉をかけるかをよく考えてください」
教　師　「絵を描いている友達がいます。自分も絵を描こうと思いましたが，先にクレヨンを友達が使っています。そこで，『クレヨンを貸して』と言うと，『いま使っているんだけど』と言われました。それでも使いたいのですが，あなただったら何と言いますか？」「○○ちゃんは何と言いますか？」と一人一人に尋ねる。
子ども　「黄色だけ貸してくれない？」「使わなくなったら貸して」「後で貸して」「待っているから貸して」などと応える。
教　師　どうしても応えられない子どもには，また，思いついたら教えてほしいことを伝えて次の子どもに尋ねる。もしも，「後で貸して」や「待っているから後で貸して」などが子どもたちから出ないときには，保護者から提案してもらう。
保護者A・B　「道具を貸してと言えたこと」や「貸してもらったときのうれしい気持ち」について，子どもの応えた内容からほめる。

「まとめ」カードを見せながら5つのポイントを確認する

教　師　「友達に道具を貸してもらいたいときは，貸してほしいことを友達に言えるとよいですね。今日は，一生懸命よくがんばりましたね」と，最後に話して終わる。

☆子どもたちが静かに話を聴けなくなってきたときには，聴き方の上手な子どもをほめましょう。

保護者用プリント
「やさしい頼み方」

P70 指導案の6では，保護者，教師，子どもが，グループに分かれて活動します。

保護者の方へのお願い

- **教師**は，進行役をしながら，子どもと一緒に「頼む人」役になります（子どもは交代で練習）。
- **保護者A**は「頼む人」役以外の子どもたちと一緒に，「頼まれる人」役（遊んでいる人）になってください。
- **保護者B**は，5つのほめる視点を確認しながら，子ども一人一人をほめてください（保護者の役割は途中で交代）。

―――― ほめる視点（スキルのポイント）――――
①近くに行く　②きちんと見る　③してほしいことを言う
④聞こえる声でやさしく言う　⑤気持ちを込めて言う

「場面1」友達に片づけを手伝ってほしいときの頼み方

教　師　「これからみんなで練習をしましょう。○○さんは，カラー積み木を使って遊びました。片づけようと思いましたが，自分の使っていない物もたくさんあり，困っています。ほかの人たちは，近くで△△をして遊んでいます」と言う。

「頼まれる人」役の子どもと保護者A　近くで「ずいずいずっころばし」をしている（「おせんべやけたかな」などの遊びを提案してもよい）。

「頼む人」役の子どもと教師　カラー積み木を片づけながら，近くで遊んでいる友達に気づく。

教　師　「頼む人」役の子どもに「あの人たちに手伝ってもらう？『一緒に片づけを手伝って』とやさしく頼んでみようか？」と言い，頼むように促す（遊んでいる子どもが気づくように，肩を軽くたたいて「ねえねえ」と声をかけるとよいことも伝える）。
　声が小さいときには，「もう1回言ってみようか」と促して，言えたときはその場でほめる。

「頼まれる人」役の子どもと保護者A　「いいよ」と言う。みんなで言ってもよい。

「頼む人」役の子どもと教師　「ありがとう」と言い，片づける演技をして終わる。

教　師　「みんなはそのまま座っててね」「『頼む人』役をした人はここに来てね」と言い，教師の横に立たせる。

保護者B　ほめる視点や子どもの演技の中からほめる。やさしく頼めたことを特に強調してほめる。

教　師　「頼まれる人」役の子どもたちのこともほめて，終了。

・みんなで拍手をして次の子どもに交代する。
・子どもがどうしても演技ができないときには教師が一緒にする。
・子ども3人が「頼む人」役を終えたところで，保護者A・Bの役割を交代して続ける。

「場面2」メダルの折り方を教えてほしいときの頼み方

教　師　「次の練習です。話を聴いて自分だったらどんな頼み方をするかを考えて言ってくださいね」

教　師　「折り紙でメダルを折っている友達がいます。折り方を教えてほしいときに，あなただったらどう言いますか？」と一人ずつ尋ねる（全員の子どもに応えさせる）。
　　　　どうしても言えない子どもには，「言い方を思いついたら知らせてね」と言って，次の子どもに尋ねる。
　　　　「先生に聞く」「本を見る」などと応えた子どもには，その方法もあることを認め，友達に折り方を教えてほしいことをどうやって頼むかを再度尋ねる。

保護者A・B　優しく頼めたことやほめる視点から強調して子どもをほめる。
　　　　例：一人一人が考えて言ったことを，「友達にそうやってやさしく頼むといいよね」などの言葉をかける。

「まとめ」カードを見せながら5つのポイントを確認する

教　師　「友達に何かを頼むときには，自分の頼みたいことをやさしく言えるとよいですね。今日は，一生懸命よくがんばりましたね」と，最後に話して終わる。

☆子どもたちが静かに話を聴けなくなってきたときには，聴き方の上手な子どもをほめましょう。

保護者用プリント「あたたかい言葉のかけ方③
友達の気持ちに気づいたときの言葉」

P72 指導案の6では，保護者，教師，子どもが，グループに分かれて活動します。

保護者の方へのお願い

- **教師**は進行役をしながら，子どもと一緒に「気づく役」になります（子どもは順番で練習）。
- **保護者A**は，ほかの子どもたちと「喜ぶ役」（「困っている役」）になってください。
- **保護者B**は，次の5つのほめる視点を確認しながら，ほめてください（保護者の役割は途中で交代）。

―――― ほめる視点（スキルのポイント）――――
①近くに行く　　②きちんと見る　　③友達の気持ちに合った言葉を考える
④聞こえる声でやさしく言う　　⑤気持ちを込めて言う

「場面1」縄とびができたことを喜んでいる友達への言葉かけ

教　師　「これからみんなで練習をしましょう。○○さんを見てください」
「喜ぶ人」役の子どもと保護者A　近くで「できた，できた」「やった，やった」と喜んでいる演技をする。
「気づく人」役の子どもと教師　喜んでいる子どもを見るように教師が促し，「何か喜んでいるみたいね」「どうしてうれしいのか聞いてみる？」と言う。子どもに「どうしたの？」と尋ねさせる。
「喜ぶ人」役の子どもと保護者A　子どもが「縄跳びができるようになった」と言うように促す。
「気づく人」役の子どもと教師　子どもが「できるようになってよかったね」と言うように促す。声が小さいときには，再度言わせるか，教師が繰り返し言うようにする。
教　師　「『気づく人』役をした人はここに来てね」と子どもを横に立たせて，「どんなところがよかったかをお母さんに聞いてみましょう」と言う。
保護者B　ほめる視点や子どもの演技の中からほめる。
教　師　「喜ぶ人」役の子どものがんばっていたところをほめる。

- みんなで拍手をして次の子どもに交代する。
- 3人の子どもが「気づく人」役を終えたところで「場面1」を終了。保護者Aは「言葉をかけてもらってうれしい気持ちになった」ことを子どもたちに伝える。
  保護者A・Bの役割を交代する。「場面2」で残りの2～3人の子どもが「気づく人」役をする。

「場面2」赤白帽子がなくて困っている友達への言葉かけ

教　師　「次の練習です。〇〇さんを見てください」
「困っている人」役の子どもと保護者B　近くで「なくなってしまった，困ったな，どうしよう」と困っているような演技をする。
「気づく人」役の子どもと教師　困っている子どもを見るように促し，「何か困っているみたいだね」「どうしたのか聞いてみる？」と言い，子どもに「どうしたの？」と尋ねさせる。
「困っている人」役の子どもと保護者B　子どもが「赤白帽子がなくなったの」と言うように促す。
「気づく人」役の子どもと教師　「一緒に探してあげようか」と子どもに言わせて，探す演技をする。
　　「気づく役の子ども」がどうしたらよいかわからないようなときには，教師のほうから「一緒に探してあげようか」と声をかけ，「一緒に探すよ」と言うように促す。
　　声が小さいときには，再度言わせるか，教師が繰り返して言うようにする。
教　師　「『気づく人』役をした人はここに来てね」と横に立たせて，「どんなところがよかったかをお母さんに聞いてみましょう」と言う。
保護者A　ほめる視点や子どもの演技の中からほめる。
教　師　「困っている人」役の子どものがんばっていたところをほめる。

・みんなで拍手をして次の子どもに交代する。
・2〜3人の子どもがロールプレイを終えたところで，保護者Bは「言葉をかけてもらってうれしい気持ちになった」ことを子どもたちに伝える。

「場面3」友達の気持ちに気づいたときの言葉かけ

教　師　「次の練習です。絵を見て，友達の気持ちに気づいたとき，自分だったらどんな言葉をかけるかを考えて言ってくださいね」
教　師　「喜んでいる」場面絵を見せながら，「このお友達は，跳び箱を跳べるようになったようです。この絵の友達にどんな言葉をかけてあげますか？」と一人ずつ尋ねる。
教　師　次に，困っている友達の絵を見せながら「このお友達は，作ったブローチが壊れて困ってしまいました。どんな言葉をかけてあげますか？」と尋ねる。
　　どうしても応えられない子どもには，また，思いついたら教えてほしいことを伝えて，次の子どもに尋ねる。
保護者A・B　発表後のまとめとして子どもたちの練習の仕方についてほめる。特に，友達の表情に気づいてやさしい言葉をかけることができたことを強調してほめる。
　　例：「よかったね。私もうれしい」「作るの手伝ってあげるよ」「友達が困っているような表情をしているときに声をかけることができて，友達はうれしい気持ちになったと思うよ」などのように，言葉をかけることができたことをほめる。

「まとめ」カードを見せながら5つのポイントを確認する

教　師　最後に，その場にいる子どもに，「友達がうれしそうなときには一緒に喜んだり，困っている人がいたときには，やさしい言葉をかけてあげられるとよいですね。今日は，一生懸命よくがんばりましたね」と話して終わる。

☆子どもたちが静かに話を聴けなくなってきたときには，聴き方の上手な子どもをほめましょう。

③ 幼稚園における ソーシャルスキル教育 の効果

髙橋高人

　本章では，宮崎大学教育文化学部附属幼稚園の実践を基に，年少，年中および年長クラスへのソーシャルスキル教育（SSE）の効果について紹介する。

　まず第1節では，年少クラスでの効果を紹介し，3～4歳の幼児におけるソーシャルスキルの習得と問題行動の改善について報告する。次に第2節では，年中クラスから年長クラスの時期にかけての2年間に及ぶSSEの効果を紹介し，長期間継続的にSSEを行うことの利点を報告する。第3節では，それを大規模な調査から得られた標準的な群（標準群）と比較することによって，SSEの効果をさらに検討することとする。

　効果の測定は，年少・年中・年長クラスのいずれにおいても，教師測定によって行われた（効果測定の詳細については，「ソーシャルスキルのアセスメント」（P22）もご参照いただきたい）。また，効果については，ソーシャルスキルの習得はもちろんのこと，問題行動（第3節の年長クラスでは外在化問題行動・内在化問題行動）といった日常の適応状態についても検討することとした。これは，ソーシャルスキルの習得が，日常生活において，幼児にどのような有用性をもつかを説明するうえで，非常に重要なことである。つまり，SSEは，ソーシャルスキルの習得のみにとどまらず，幼児の日常適応に大きな利点を有していることを，この結果から明らかにしようというのである。

第1節　年少クラスでの効果

① 対象者と方法

　本節では年少クラスでのSSEの効果を紹介する。対象となったのは年少クラスに在籍する幼児14名（男子7名，女子7名）で，SSEのなかで取り上げたターゲットスキルは，

「あいさつスキル」「エントリー（仲間に入れて）スキル」「感謝（ありがとう）のスキル」であった。SSE の効果を測定するために，事前のアセスメントとして，SSE の実施1か月前と直前にアセスメントを行った。また，事後アセスメントとして，SSE の実施直後と1か月後にフォローアップ測定を行った。このように事前と事後に2回ずつのアセスメントを実施することで，より安定した効果測定を行うことができる。効果の測定時期と SSE の流れは，図1に示した通りである。

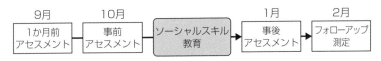

図1 年少幼児に対する SSE の流れ

効果測定には，ソーシャルスキルの教師評定（渡邊・岡安・佐藤，1999）を用いた。この尺度は，社会的スキル領域と問題行動領域の2領域から構成されている。社会的スキル領域は「①社会的働きかけスキル」「②自己コントロールスキル」「③協調スキル」「④教室活動スキル」の4下位尺度，問題行動領域は「ⓐ不安・引っ込み思案」「ⓑ攻撃・妨害」「ⓒ不注意・多動」の3下位尺度から構成されている。

② 社会的スキル領域の変化

社会的スキル領域の総得点について統計的な分析を行った結果，SSE の直前から直後にかけて，得点が増加していることがわかった。また，1か月後のフォローアップ測定においても，社会的スキル領域の総得点が，1か月前，直前の得点よりも有意に高いことがわかった。つまり，SSE によって，社会的働きかけスキル，自己コントロールスキル，協調スキル，教室活動スキルから構成される社会的スキル領域の総得点が向上し，その効果は1か月後の時点でも維持されていることがわかった。

次に，下位尺度ごとに詳しくみていくと，①社会的働きかけスキルは，SSE の1か月前と直前の得点よりも1か月後のフォローアップ測定の得点が高くなっていた。③協調スキルにおいては，

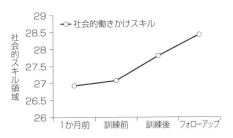

図2 社会的働きかけスキルの変化

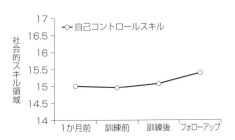

図3 自己コントロールスキルの変化

SSEの直後の得点が，直前の得点よりも増加していることがわかった。④教室活動スキルは，SSEの1か月前に比べて，直後と1か月後のフォローアップ測定で得点が向上することがわかった。また，SSEの実施前後の比較でも，直前よりも直後の得点が高くなることがわかった。各下位尺度の変化を図2，3，4，5に示す。

❸ 問題行動領域の変化

問題行動領域について統計的な分析を行った結果は，図6，7，8に示した通りである。

問題行動領域の総得点とⓐ不安・引っ込み思案において改善がみられたが，ⓑ攻撃・妨害とⓒ不注意・多動には，統計的に明らかな改善はみられなかった。これは，ターゲットとしたソーシャルスキルが友達に自分から働きかける内容を多く含んだものであったために，不安・引っ込み思案の問題に顕著な改善がみられたものと予想された。

❹ まとめ

本節では，年少クラスに対するSSEの効果を紹介した。効果測定から，年少クラスがソーシャルスキルを習得し，問題行動のなかでも不安・引っ込み思案を改善させていることがわかった。このことから，3〜4歳時期の年少クラスに対して，「あいさつスキル」「エントリー（仲間に入れて）スキル」「感謝（ありがとう）のスキル」のような対人関係の基礎となるSSEを行うことは十分な効果をもつことが示された。

これまでの研究からも，幼児期に向社会的なかかわりが少ないと，小学校年代での不安・引っ込み思案行動や攻撃・妨害行動のリスクを高め，仲

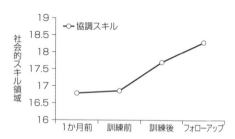

図4 協調スキルの変化

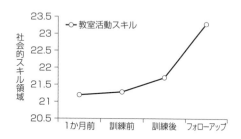

図5 教室活動スキルの変化

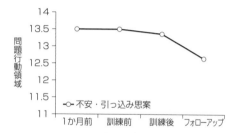

図6 不安・引っ込み思案の変化

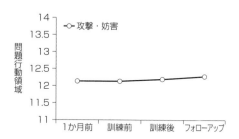

図7 攻撃・妨害の変化

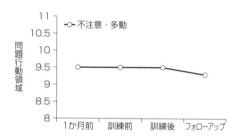

図8 不注意・多動の変化

間関係の困難を抱えることが報告されている（Bierman et al. 2009）。これらのことからも，年少幼児期に基礎的なソーシャルスキルを身につけることは大きな意義をもつことがわかる。

第2節　年中から年長クラスへの2年間にわたるSSEの効果

次に，年中クラスから年長クラスの2年間にわたってSSEを実践した結果を紹介する。これまでのSSEにおいて，比較的短期間であっても介入を受けた子どもがソーシャルスキルを習得するという一貫した結果が示されている。そこで，長期間にわたって実施されたSSEによって，子どもたちにどのような変化があるのかについても検討することは重要である。

さらにここでは，SSEを行う前の時点において社会的スキルが低い幼児に，SSEを行うことでどのような変化があるかについても検討する。

① 対象者と方法

対象となった幼児は，1年目に幼稚園の年中クラス，2年目に年長クラスに在籍した65名であった（男子36名，女子29名）。また，そのうちSSEの前の時点において，教師評定によるソーシャルスキルが幼児全体の平均得点よりも1標準偏差低いと報告された幼児14名を社会的スキル低群とした。

1年目，年中クラスにおいて実践したSSEでは，「友達の名前を呼ぶ」「元気にあいさつをする」「仲間の入り方」「謝り方」をターゲットスキルとした。

2年目，年長クラスにおいて実践したSSEでは，「上手な話の聴き方」「あたたかい言葉のかけ方（やさしい言葉）」「あたたかい言葉のかけ方（ほめる言葉）」「道具の借り方」「やさしい頼み方」をターゲットスキルとした。

効果測定の時期とSSEの流れは，図9に示した通りである。

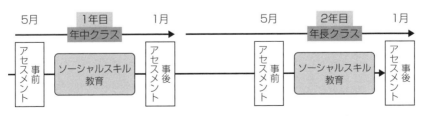

図9　年中クラスから年長クラスへ2年間のSSEの流れ

❷ 社会的スキル領域

社会的スキル領域の総得点について，統計的な分析を行った。その結果，年中幼児を対象とした1年目のSSEについて，事前に比べて事後の得点が増加していることが示された。2年目の年長になってからの結果も，SSEの事前よりも事後の社会的スキル領域の総得点が高くなっていることが示された。さらに年中の事後得点よりも年長の事後得点の方が増加していることがわかった。このように，1年目の年中時点よりも2年目の年長時点において，社会的スキル領域全体が向上していることが明らかになった。

下位尺度ごとの変化は，図10，11，12，13に示した通りである。①社会的働きかけスキルは，年中の事前から事後にかけて向上していることがわかった。同様に年長の事前から事後にかけても社会的働きかけスキルの得点が向上していた。また1年目の年中の事後と2年目の年長の事前に比較して，2年目の年長の事後の方が社会的働きかけスキルの得点が向上していた。

②自己コントロールスキルは，年中の事前から事後にかけて向上し，同様に年長においても事前から事後にかけて向上していた。また1年目の年中時点の事前・事後よりも2年目の年長時点の事前・事後の自己コントロールスキルの得点の方が高いことがわかった。

③協調スキルについても，1年目の年中と2年目の年長それぞれにおいて，事前よりも事後に得点が増加していた。また，1年目の年中時点における事前・事後よりも，2年目の年長時点の事前・事後の協調スキルの得点の方が高いことがわかった。

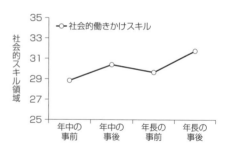

図10 社会的働きかけスキルの変化

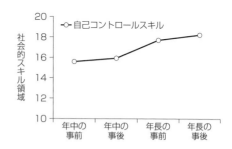

図11 自己コントロールスキルの変化

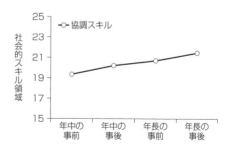

図12 協調スキルの変化

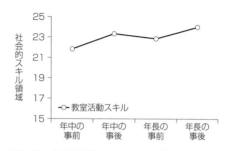

図13 教室活動スキルの変化

④教室活動スキルは，1年目の年中と2年目の年長それぞれにおいて，事前よりも事後にかけて向上していた。さらに，1年目年中の事前・事後よりも，2年目の年長時点の事前・事後の教室活動スキルの得点の方が高くなる結果となった。

このように，社会的スキル領域について，総得点と各下位尺度のすべてでSSEの事前よりも事後，そして年中時点の1年目よりも年長時点の2年目の得点が向上することが明らかになった。この結果から，長期間継続的にソーシャルスキルを教えることの利点が示されたといえる。

③ 問題行動領域

問題行動領域総得点において分析を行った結果，1年目の年中の事前から事後，2年目の年長の事前から事後において，問題行動の軽減がみられた。また，1年目の年中での事前・事後よりも2年目の年長の事後において，問題行動が軽減していることがわかった。

下位尺度ごとに分析を行った結果を図14，15，16に示す。ⓐ不安・引っ込み思案は，1年目の年中の事前から事後，2年目の年長の事前から事後において問題行動の軽減がみられた。ⓑ攻撃・妨害は，1年目の年中と2年目の年長ともに，SSEの事前から事後に問題行動が軽減していた。また，1年目の年中の事後よりも2年目の年長の事後において軽減していた。ⓒ不注意・多動においては，1年目の年中の事前から事後，2年目の年長の事前から事後において，問題行動の軽減がみられた。また，1年目の年中の事前・事後よりも，2年目の年長の事後において軽減していることがわかった。

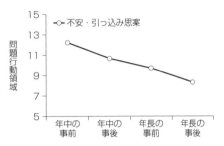

図14 不安・引っ込み思案の変化

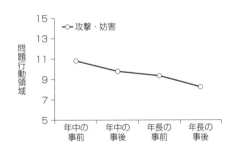

図15 攻撃・妨害の変化

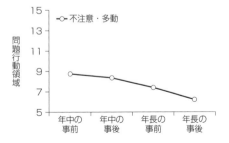

図16 不注意・多動の変化

④ ソーシャルスキルが低い幼児への効果

次に，本調査の対象幼児65名のうち，事前の教師評定によって社会的スキル領域の得点が低いと評定された14名の結果を紹介する。これによって，対象幼児の全体としての変化

に加えて，ソーシャルスキルが低い子どもにSSEがどのような効果をもたらすのかを検討する。

まず，総得点について，年中幼児を対象とした1年目の結果と年長幼児の2年目の結果ともに，事前よりも事後の社会的スキル領域総得点が高くなることが示された。

次に，社会的スキル低群における，下位尺度ごとの結果について分析した。①社会的働きかけは，年中と年長のそれぞれで顕著な向上がみられた。また，1年目年中の事後得点よりも2年目年長の事後得点の方が高いという結果となった。これらの結果からわかることは，SSEが実施される前の時点でソーシャルスキルの低い幼児たちにもSSEは十分な効果をもち，1年目よりも2年目でさらに高いソーシャルスキルを習得しているということである。

②自己コントロールスキルは，1年目年中と2年目年長のそれぞれにおいて，事前から事後に得点の増加がみられた。また，1年目年中の事後，2年目年長の事前よりも，2年目年長の事後の得点が高い結果となった。

③協調スキルにおいては，1年目年中と2年目年長のそれぞれにおいて，事前から事後に得点の増加がみられた。さらに，1年目年中から2年目年長にかけて，協調スキルの得点が高まる結果となった。

④教室活動スキルは，1年目年中と2年目年長のそれぞれにおいて，事前から事後に得点の増加がみられている。さらに1年目の年中よりも2年目の年長の教室活動スキルの得点が向上していることが示された。

このように，事前にソーシャルスキルが低いと評価されていた幼児についても，測定された社会的スキル領域の全下位尺度で向上がみられた。また，社会的スキル低群と社会的スキル中群との比較において，1年目から2年目と継続していくに従って，低群と中群との差が小さくなっていくことがわかった。

❺ まとめ

本節では，年中から年長までの2年間に及ぶSSEの効果を紹介した。年中時点と年長時点での比較を行い，ソーシャルスキルと問題行動ともに年長時点の方が向上や改善がみられた。これらの結果からわかることは，年中から年長という幼児期に継続したSSEを行うことは，ソーシャルスキルの習得だけではなく，問題行動の改善という意味においても効果が期待できるということである。また長期間継続的にSSEに取り組むことによって，SSEの時間以外に，園での日常生活においても積極的にソーシャルスキルの活用が促されるかかわりがもたれることが予想される。

第Ⅰ部　幼稚園でのソーシャルスキル教育

さらに本節では，ソーシャルスキルが低い幼児におけるSSEの効果も紹介した。学級の中でも特にソーシャルスキルを習得する必要があるのは，ソーシャルスキルが低いとされる子どもたちである。社会的スキル総得点および社会的働きかけスキル，協調スキル，教室活動スキルの3つの下位因子において，訓練を続けていくにつれて，低群と中群の差が小さくなっていった。このことから，2年間の訓練効果は特に低群に顕著に現れているといえる。

これまでの研究から，幼児期のソーシャルスキルが，その後の子どもの社会適応や学校適応に大きく影響していることがわかっている（Odom et al. 2008）。幼児期にソーシャルスキルの低い子どもに対してSSEを行うことの効果は大きいといえる。

第3節　標準群と比較したソーシャルスキル教育の効果

1　標準群と比較する意義

宮崎大学教育文化学部附属幼稚園におけるソーシャルスキル教育の実践を基に，第1節は，年少児へのSSEの効果，第2節では年中から年長にかけた2年間のSSEの効果を紹介した。本節では，より詳細にSSEの効果を検討するために，大規模な対象者から社会的スキル，問題行動を調査して，それを標準群として設定し，SSEを受けた介入群と標準群との比較から，効果検証を行う。SSEの介入を行っていない標準群との比較をすることで，介入によって対象者がどの程度適応的な状態に近づいているか，もしくはターゲットとしたソーシャルスキルを習得したかを検討することが可能になる。

2　対象者と方法

対象は，地方都市部の幼稚園に通う316名10学級のうち転出や欠席などの園児を除く，309名（男児143名，女児166名）であった。比較対象とする幼児（標準群）は，地方都市部および都市圏近郊の保育園，幼稚園40か所に在籍する971名で，5歳児511名（男児252名，女児259名），6歳児460名（男児230名，女児230名）であった。介入群に対しては，9か月間にわたってSSEを実践し，教師評定による効果測定を行った。効果測定の時期とSSEの流れは，図17に示した通りである。

効果測定には，幼児用ソーシャルスキル尺度・保育者評定版（金山ら，2011）が用いられ

図17　年長幼児に対するSSEとアセスメントの流れ

た。これは，①主張スキル，②協調スキル，③自己統制スキルの3下位尺度から構成されている。問題行動の測定には，幼児用問題行動・保育者評定尺度（金山ら，2006）が用いられた。これは，ⓐ外在化問題行動とⓑ内在化問題行動から構成されている。

③ 社会的スキルの比較

SSEの効果を検討するために，まず訓練前における介入群と5歳標準群の社会的スキル得点を比較した。次に，訓練後における介入群と6歳標準群との比較を行った。これは，訓練前には5歳だった介入群が，9か月間に及ぶ介入期間の後には多くの幼児が6歳を迎えているためである。そこで，訓練前の介入群と5歳標準群，訓練後の介入群と6歳標準群という比較を行った。その結果を図18・19・20に示す。

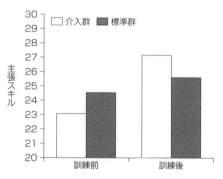

図18 介入群と標準群の比較（主張スキル）

訓練前時点での社会的スキル得点は，3下位尺度すべてについて，5歳標準群よりも介入群の得点が低かった。つまり，SSEを受ける前の時点において，介入を受ける子どもたちは，標準的なレベルよりも低いソーシャルスキルしかもっていない状態であった。

次に，SSEを受けた後の介入群と6歳標準群の社会的スキル得点を比較したところ，①主張スキルについて，標準群よりも介入群の得点が高いことが示された。②協調スキル，③自己統制スキルは，訓練前の得点は標準群を下回っていたが，訓練後には標準群と同程度にまで向上することが示された。

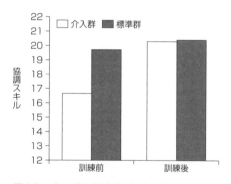

図19 介入群と標準群の比較（協調スキル）

また，介入群において，訓練前から訓練後にかけての変化を比較したところ，3つの社会的スキル下位尺度の得点すべてが増加する結果となった。

これらの結果から，SSEを受けた介入群は，訓練前の状態では標準より低いレベルのソーシャル

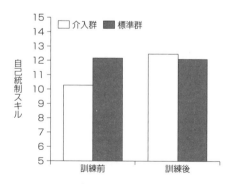

図20 介入群と標準群の比較（自己統制スキル）

スキルしかもっていなかったが，訓練後には標準を上回るか，同程度にまでソーシャルスキルを向上させていたということがわかった。

④ 外在化問題行動，内在化問題行動の比較

問題行動についても社会的スキルと同様に，訓練前の介入群と5歳標準群，訓練後の介入群と6歳標準群という比較を行った。訓練前と訓練後における介入群と標準群の，ⓐ外在化問題行動，ⓑ内在化問題行動のそれぞれを比較した。その結果を図21・22に示す。

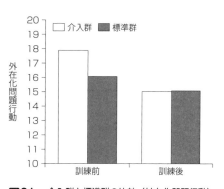

図21 介入群と標準群の比較（外在化問題行動）

訓練前時点の問題行動得点は，ⓐ外在化問題行動，ⓑ内在化問題行動ともに，標準群よりも介入群の得点が高いことが示された。次に，訓練後の介入群と6歳標準群の問題行動得点を比較したところ，ⓐ外在化問題行動得点は，標準群と同程度まで改善した。ⓑ内在化問題行動得点は，標準群よりも介入群のほうが高かったものの，訓練前に比べると改善した。

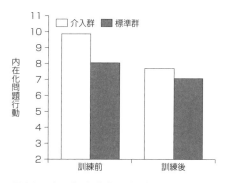

図22 介入群と標準群の比較（内在化問題行動）

また，介入群は，訓練前から訓練後にかけて，ⓐ外在化問題行動得点，ⓑ内在化問題行動得点ともに有意に減少する結果となった。

これらのことから，SSEを受ける前の段階において，標準群よりも高い問題行動のレベルにあった年長幼児が，介入によって，標準群を下回る，もしくは同程度の問題行動にまで改善がみられていたことがわかる。

⑤ 社会的スキルの向上が問題行動に及ぼす影響

ここまでの結果から，SSEによって，ソーシャルスキルの習得と問題行動の軽減に効果がみられることを示してきた。しかしながら，問題行動の低減に影響を及ぼしているソーシャルスキルがどの種類のスキルであるかはこれまで明らかにできていなかった。

何が変化して問題行動の改善が生じているのだろうか。このような疑問に答えるためには，ソーシャルスキルと問題行動を個別ではなく，同時に分析して，ソーシャルスキルが問題行動に及ぼす影響を調べる必要がある。

今回の調査から，問題行動の軽減が，社会的スキル領域のどの下位尺度によるものなのかを検討した結果，主張スキルの向上が，内在化問題行動の減少に影響を及ぼしていることがわかった。さらに，協調スキルの向上が外在化問題行動の減少に影響を及ぼしていることが明らかになった。

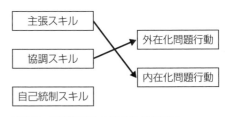

図23 問題行動の改善に及ぼす社会的スキルの影響

主張スキルは，「ゲームや集団活動に参加する」「友達をいろいろな活動に誘う」など，主張と社会的働きかけに関するスキルである。内在化問題行動は，「仲間との遊びに参加しない」「一人遊びをする」などの質問項目で測定される。これらのことから，社会的スキル領域のなかでも主張スキルの習得が，内在化問題行動の改善に寄与することが示唆された。協調スキルは，「教師の指示に従う」「人とゲームをしているときにルールに従う」など，指示やルールに従うなど規律性に関するスキルである。外在化問題行動は，「ほかの子どもがしている遊びや活動のじゃまをする」「きまりや指示を守らない」などの質問項目で測定される。これらのことから，外在化問題行動に対しては社会的スキル領域のなかでも協調スキルの獲得が有効であることが示唆された。

問題行動と社会的スキルの関係を図23に示した。

❻ まとめ

本節では，年中から年長にかけた2年間のSSEの効果を，幼児の標準的なソーシャルスキルと問題行動のレベルとの比較から紹介した。標準群を設定することで，SSEの効果を，SSEを実施していない幼児の平均的なレベルと比較検討することが可能になる。標準的な対象者との比較が可能であることは，介入研究の効果検証の1つの選択肢となりうる。

これまでの研究から，ソーシャルスキルを適切に表出できることは，反社会的，妨害的な行動の抑制，仲間の受容，達成動機，学業成績の高さと関連していることが明らかにされている（Wentzel, 2009）。また，小学校に入学してからの児童期以降の内在化問題のなかでも，不安の問題および不安症は，最も頻度が高く，有病率の高い問題である。そのような児童期を迎えてからの内在化問題に関しては，幼児期からの予防的なかかわりが有効であることが報告されている（Rapee et al, 2005）。そして，児童期・思春期の不安症，うつ病を幼児期から予防しようとする試みも始まっており，その介入効果も示されている（Rapee, 2013）。これらのことと考え合わせると，幼児期のSSEなど，低年齢からメンタルヘルスの問題を予防するかかわりが重要であることがわかる。

◆ 引用文献

- Bierman, K. L., Torres, M. M., Domitrovich, C. E., Welsh, J. A., & Gest, S. D. (2009) Behavioral and cognitive readinesss for school : Cross-domain associateons for children attending head start. Social Development, 18, pp.305-323.
- 金山元春・金山佐喜子・磯部美良・岡村寿代・佐藤正二・佐藤容子（2011）「幼児用社会的スキル尺度（保育者評定版）の開発」,『カウンセリング研究』44, 28-38頁
- 金山元春・中台佐喜子・磯部美良・岡村寿代・佐藤正二・佐藤容子（2006）「幼児の問題行動の個人差を測定するための保育者評定尺度の開発」,『パーソナリティ研究』14, 235-237頁
- Odom, S. L., McConnell, S. R., & Brown, W. H. (2008) Social competence of young children : Conceptualization, Assessment, and Influences. In W. H. Brown., S. L. Odom., S. R. McConnell (Eds.) Social competence of young children : Risk, Disability, Intervention. Baltimore : Paul H. Brookes. pp. 3-30.
- Rapee, R. M., Kennedy, S., Ingram, M., Edward, S. L., & Sweeney, L. (2005). Prevention and early intervention of anxiety disorders in inhibited preschool children. Journal of Consulting and Clinical Psychology. 73, pp.488-497.
- Rapee, R. M. (2013) The preventative effects of a brief, early intervention for preschool-aged children at risk for internalizing: follow-up into middle adolescence. Journal of Child Psychology and Psychiatry. 54, pp.780-788.
- 渡邊朋子・岡安孝弘・佐藤正二（1998）「教師評定用社会的スキル尺度の標準化の試み」,『日本行動療法学会第24回大会発表論文集』100-101頁
- Wentzel, K. R. (2009) Peers and academic functioning at school. In K. H. Rubin, W. M. Bukowski, B. Laursen (Eds.) Handbook of peer interactions, relationships, and groups. New York : Guilford Press. pp. 531-547.

第Ⅱ部

保育園での
ソーシャルスキル教育

1 保育園におけるソーシャルスキル教育の実践

清水寿代

第1節　本実践の意義

　ソーシャルスキル教育（以下 SSE とする）によって，子どもがソーシャルスキルを習得するだけではなく，クラスの仲間を好意的に認知するようになることや孤独感が低減することなどが報告されている（金山ら，2001；後藤ら，2001）。このように，SSE のクラス全体への効果が示される一方で，SSE はどのような子どもに特に有効かといった，教育効果の個人差についても検討されるようになってきた。
　小学生を対象とした藤枝ら（2001）や中学生を対象とした江村ら（2003）の実践では，SSE は，特に，ソーシャルスキルの程度の低い児童生徒に有効であることが報告されている。
　一方，幼児を対象とした SSE では，クラス全体のソーシャルスキルの向上は確認されているものの（金山ら，2000；佐藤ら，2000），教育効果の個人差についてはほとんど検討されていない。SSE がクラス内のどのような特徴をもつ幼児に有効であるかを明らかにすることは意義のあることである。
　岡村ら（2009）は，SSE を実施する前のソーシャルスキルの程度に焦点を当て，ソーシャルスキルの程度の高い群，平均的な群，低い群に対象を群分けし，どのような特徴をもつ幼児に SSE が有効であるかを検討した。本章では，岡村らの研究を参考に，保育園の年中児（4，5歳児）に行った SSE の有効性をデータとともに紹介する。

1 標的スキルを選んだ根拠

　本実践では，はじめに担任保育士との面談を行い，クラスの現状と保育士が子どもに必要と考えるスキルをあげてもらった。その後，子どもの自由遊び場面を観察したり，子ど

ものソーシャルスキルを評価する質問紙調査を保育士に実施したりしながら，子どもにとって負担の少ない，当面改善すべきスキルを検討した。その結果，社会的働きかけスキル（仲間入りスキル・仲間強化スキル）と，上手に聴くスキルが標的スキルとして選定された。

社会的働きかけスキルは，子どもが自ら仲間との社会的相互作用を始発させるスキルである。本実践では，まず遊びへの「仲間入りスキル」を指導することによって，子どもたちが積極的に仲間との相互作用を開始することを期待した。次に，仲間との相互作用を維持する「仲間強化スキル」を検討した。仲間強化スキルは，働きかける相手の感情を理解し，その状況に適した働きかけを行い，さらにはこちらの感情を相手に伝えるスキルである。この仲間強化スキルを使用することによって，相手が自分に対して安心感や信頼感をもつことや，自分自身の対人的自己効力感の向上につながると言われている。本実践では，仲間強化スキルとして「あたたかい言葉かけ」を取り上げることにした。

また，仲間との相互作用においては，自ら積極的に働きかけるばかりではなく，相手の話を上手に聴くことも重要である。相手が何を伝えようとしているのかを理解する能力は仲間との相互作用を持続させるために不可欠である。「上手な聴き方」は，仲間から受け入れられることにもつながるため，学習する意義は大きいと考え取り上げた。

❷ 全体計画と考え方　全6回

本実践の第1・3・5回は，保育場面でのSSEを実施した。その他の回は，保育場面で学習したスキルを自然な場面でも実行できるように，自由遊び時間に行った。SSEの実施時間は20分〜30分であり，2〜5名のトレーナー（保育士と大学院生）が参加した。

保育場面でのSSEでは，小グループに分かれてスキルの練習を行うため，トレーナーは，子どものスキルの実行を見逃さないようにした。そして，子どもがスキルを実行した後には，直ちに賞賛することを心がけた。

自由遊び時間を利用したSSEでは，クラス全員が一緒にゲームをしながらスキルを練習したり，子どもたちが個別に遊んでいる場面においてスキルを練習する機会を積極的に設けたりした。特に，子どもが個別に遊んでいる場面では，トレーナーは遊びの邪魔をしないよ

第1回	上手な聴き方（聞くスキル）	保育活動時間	
第2回	上手な聴き方（聞くスキル）	自由遊び時間	
第3回	社会的働きかけ（仲間入りスキル）	保育活動時間	★P108
第4回	社会的働きかけ（仲間入りスキル）	自由遊び時間	
第5回	あたたかい言葉かけ（仲間強化スキル）	保育活動時間	★P110
第6回	あたたかい言葉かけ（仲間強化スキル）	自由遊び時間	

うに配慮しながら，スキルの実行を促すヒント（プロンプト）や賞賛を与えたりした。

第2節 指導案（抜粋）

第3回 社会的働きかけ（仲間入りスキル）
お友達と仲よく遊ぶには？

（1）本時のねらい
　友達と一緒に遊ぶためには，自分から友達に「仲間に入れて」と働きかける必要があることに気づかせる。仲間に入れてもらうためには，いくつかのポイントがあることを理解させる。①近づいて，②相手の目を見て，③相手に聞こえる声で，④笑顔で「仲間に入れて」と言うスキルを習得させる。

（2）準備物
・約束カード
・紙芝居あるいは寸劇のシナリオ
・「仲間入りスキル」ポイントカード
・シールカード

（3）展開の概要
　トレーナーは，主人公の男の子が，友達と一緒に遊びたいのにどうしたらよいのかわからず，友達を遠くから見

子ども一人一人のスキル実行を促すためのシールカード

学級全体のスキル実行を促すためのシールカード

ているというストーリーの紙芝居を読み聞かせる。その後，子どもたちに，主人公がどのようにすれば友達と一緒に遊ぶことができるかを話し合わせる。トレーナーは，子どもたちの意見を参考にしながら，主人公が仲間入りスキルを使用し，仲間と一緒に遊ぶことができる場面を提示する。

　次に，2名のトレーナーが，「相手に近づいて」「相手の目を見て」「相手に聞こえる声で」「笑顔で」，仲間に入れてと言う行動モデルを実演する。この時，仲間入りスキルのポイントが子どもに伝わりやすいように，ポイントを言葉でナレーションしながらモデリングを進めることを心がける。

　モデリングに続いて，行動リハーサルを実施する。子どもたちは，3〜5名のグループに分かれて，仲間入りスキルのリハーサルを行う。その際，トレーナーは，子どもたちの実行に対してフィードバックや賞賛を与える。さらに，リハーサルを実行する子ども，観

察する子どもの双方に，どのようなところがよかったか，どんな気持ちがしたかといった感想を尋ね，子ども同士が互いに強化しあう環境を意図的につくるようにする。

最後に，学習したスキルを日常場面でも使用できるように，シールカードを用いて動機づけを高め，スキルの使用を奨励する。

	学習活動と子どもの様子	ポイントと留意点
導入	(1) 学習をする上での約束を確認する。 「今日はお友達と仲よく遊ぶための方法を練習します。その前に，お約束があります（黒板に貼り出す）」 ふざけない，恥ずかしがらない，笑わない (2) 問題場面の提示 「主人公の男の子が，友達と一緒に遊びたいのにどうしたらよいのかわからず，仲間を遠くから見ている」という場面を紙芝居や寸劇で提示する。 「主人公はどのようにすればお友達と一緒に遊ぶことができるでしょうか？」	・学習を始める前には，必ず約束を確認する。 ・約束事を書いたポスターを作成し，黒板の前に貼っておくとよい。 ・スキル学習の動機づけを高めるような場面設定にする。
展開	(3) 仲間の入り方のモデリングを見て，ポイントを確認する。 「今の仲間の入り方のよいところはどこでしょうか？」 ①近づいて　　②相手の目を見て ③相手に聞こえる声で　④笑顔で ポイントを押さえた仲間の入り方をすると，友達の遊びに入れてもらえるし，友達もうれしい気持ちになることを気づかせる。 (4) 仲間の入り方のポイントを押さえて練習をする。 1グループ3人に分かれ，仲間の入り方のリハーサルをする。 「仲間役の人は，お友達の仲間の入り方が上手にできているかよく見てください。ポイントを思い出してくださいね」 「お友達のどんなところがよかったでしょうか？」 「仲間に入れてもらってどんな気持ちがしましたか？」 「仲間に入れてほしいと言われてどんな気持ちがしましたか？」 仲間入りする役，仲間役のどちらにも正のフィードバックをする。トレーナーは，子どものスキル使用を賞賛するだけではなく，お互いの気持ちを確認させることを通して，子ども同士が強化しあう環境を積極的に作るようにする。	・仲間の入り方のポイントを描いた絵カードを用意する。 ・モデリングをする際は，仲間の入り方のポイントを，わかりやすい言葉でナレーションしながら進めると，より効果的である。 ・子どもたちから発言があったときには確実に賞賛する。
まとめ	(5) 本時の振り返りと日常場面でのスキルの使用を促す。 「みんなが上手に仲間に入ってお友達と楽しく遊ぶことができたら，シールを貼りましょうね。シールがたまったらみんなで好きな遊びをしましょう」	・シールカード等を用いて日常場面でのスキル使用の動機づけを高める。

第5回 あたたかい言葉かけ（仲間強化スキル）
やさしい気持ちになる言葉をかけよう

（1）本時のねらい
　人に伝える言葉には，寂しくなる言葉とうれしくなる言葉があり，あたたかい言葉をかけることによって，言った人も言われた人もやさしい気持ちになることに気づかせる。あたたかい言葉をかけるには，①相手に近づいて，②相手の目を見て，③相手に聞こえる声で，④笑顔で言うことを習得させる。

（2）準備物
・約束カード
・紙芝居あるいは寸劇のシナリオ
・「あたたかい言葉かけ」ポイントカード
・リハーサル用絵カード
・シールカード

（3）展開の概要
　トレーナーは，けがをした主人公が，友達から「包帯なんて格好悪い」と言われて泣く場面と，「大丈夫？　早くよくなるといいね」と話しかけられる場面を提示する。その後，主人公に，それぞれの場面でどんな気持ちがしたかを尋ねる。トレーナーは，人に伝える言葉には，寂しくなる言葉とうれしくなる言葉があり，あたたかい言葉をかけることによって，言った人も言われた人もやさしい気持ちになることを教示する。

　次に，2名のトレーナーが，「相手に近づいて」「相手の目を見て」「相手に聞こえる声で」「笑顔で」，あたたかい言葉をかける行動モデルを実演する。

　モデリングに続く行動リハーサルでは，①花に水を一生懸命かけている友達，②腹痛で苦しんでいる友達，③竹馬を練習している友達など，さまざまな場面の絵を用いてあたたかい言葉かけのリハーサルを実施する。トレーナーは，自分なりの言葉で友達にあたたかい言葉かけをするよう奨励する。あたたかい言葉が出てこない子どもには，あたたかい言葉かけの例をあげながら，一緒に考えるようにする。リハーサル場面では，子どもが，失敗したと思うことや，できなかったと思うことのないように，子どもそれぞれの頑張りを見逃さないようにする。そして，スキルの実行に対して賞賛したり，さらによくするための方法を助言するなど，正のフィードバックを与えるようにする。

第Ⅱ部　保育園でのソーシャルスキル教育

	学習活動と子どもの様子	ポイントと留意点
導入	(1) 前時の復習をし，約束を確認する。 「お友達と仲よく遊ぶためにはいろいろな方法がありますね。今日も練習をしますよ。その前に，お約束があります」 　ふざけない，恥ずかしがらない，笑わない (2) 問題場面の提示 「けがをした主人公が，ある友達から「包帯なんて格好悪い」と言われて泣く場面と，別の友達から「大丈夫？　早くよくなるといいね」と話しかけられる場面を提示する。その後，主人公に，それぞれの場面でどんな気持ちがしたかを尋ねる。 ①包帯なんて格好悪いと言われた場面 ②大丈夫？　と話しかけられた場面	・前回の復習をする。また，学習を始める前には，必ず約束を確認する。 ・スキル学習の動機づけを高めるような場面設定にする。
展開	(3) あたたかい言葉かけのモデリングを見て，ポイントを知る。 「今のあたたかい言葉かけのどこがよかったでしょう？」 　①相手に近づく　　　　②相手の目を見る 　③相手に聞こえる声で言う　④笑顔で言う 人に伝える言葉には，寂しくなる言葉とうれしくなる言葉があり，あたたかい言葉をかけることによって，言った人も言われた人も優しい気持ちになることに気づかせる。 (4) あたたかい言葉かけのポイントを押さえて練習をする。 小グループに分かれ，さまざまな場面の絵を用いてあたたかい言葉かけのリハーサルをする。 「あたたかい言葉かけのポイントが上手にできているかよく見てくださいね」 「お友達のどんなところがよかったでしょうか？」 「あたたかい言葉をかけられてどんな気持ちになりましたか？」 言葉をかける役，言葉をかけられる役のどちらにも正のフィードバックを与える。	・あたたかい言葉かけのポイントを描いた絵カードを用意する。 ・子どもは，言葉をかける役と言葉をかけられる役のどちらも実施する。 ・双方の役の気持ちを確認するとともに，あたたかい言葉かけの実行を賞賛する。
まとめ	(5) 本時の振り返りと日常場面でのスキルの使用を促す。 「あたたかい言葉かけにはいくつかのポイントがありましたね」 「みんながあたたかい言葉かけをしてお友達と楽しく遊ぶことができたら，シールを貼りましょうね」	・シールカード等を用いて日常場面でのスキル使用の動機づけを高める。

第3節　実践の結果

① 効果測定の方法

本実践では，SSEの効果を検討するために，自由遊び時間での子どもの行動観察と，幼児用社会的スキル評定尺度・教師評定版（渡邊ら，1999）を，全6回のSSEの実施前後に実施した。

自由遊び時間における行動観察では，幼児1名につき，10分間の観察を実施し，幼児の行動を以下の4つのカテゴリに分けて分析した。

①働きかけ：仲間に対して，言語的・非言語的な働きかけをする。
②応答：仲間からの働きかけに言語的・非言語的に応答する。
③協調的行動：ブロック遊びやごっこ遊びなど，仲間のやりとりのある遊びをする行動。
④孤立行動：1人で固定遊具やおもちゃなどで遊ぶ。

② 行動観察による社会的行動の変化

①働きかけと②応答の平均値を用いて，ソーシャルスキルの程度が低・中・高の各群のSSE前後の変化を検討した。その結果，3群ともSSE後に社会的働きかけと応答の頻度が増加したことが示された。

次に，遊び行動の変化を検討するために，③協調的行動と④孤立行動の平均値を用いて，各群のSSE前後の変化を検討した。その結果，中群と低群においてSSE前後で協調的行動が増加し，孤立行動が減少していることが示された。この変化は，統計的にも意味のある変化であることが確認された（図1，図2）。

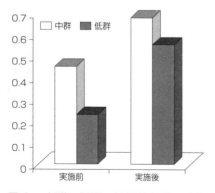

図1　中群，低群の協調的行動の変化

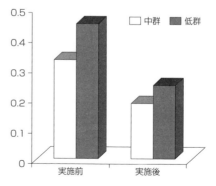

図2　中群，低群の孤立行動の変化

③ 保育士による社会的スキル評定の変化

社会的スキル評定尺度の各領域の変化を見てみると，「社会的働きかけスキル」「自己コントロールスキル」「協調スキル」「教室活動スキル」および「社会的スキル総得点」のすべてにおいて，3群の得点がSSE後に増加していることが示された。

特に，低群においては，「社会的スキル総得点」と「社会的働きかけスキル」の増加が，統計的にも意味のある変化であることが確認された（図3，図4）。

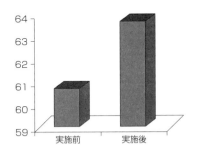
図3　低群の社会的スキル総得点の変化

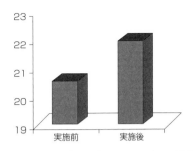
図4　低群の社会的働きかけスキル得点の変化

④ 考察

保育園での本実践では，SSEがクラス内のどのような特徴をもつ子どもに有効かを検討するために，SSE前のソーシャルスキルの程度によって子どもを3つに群分けし，SSEの前後で効果を検討した。その結果，本実践で行われたSSEは，ソーシャルスキルの程度が高くはなかった幼児（低群および中群）に特に有効であることが示された。

SSEでは，クラスで共通のソーシャルスキルを子どもが学習するため，一人一人の子どもが適切なソーシャルスキルを身につけると同時に，ソーシャルスキルの習得が未熟な子どもにとっては，周囲の子どもが適切なソーシャルスキルの実行のモデルとなることが期待できる。本実践においても，子どもたちが相互にフィードバックを行う様子が観察されており，ソーシャルスキルの低群および中群の子どもが，自分のソーシャルスキルの実行に対して周囲から肯定的なフィードバックを得ることで自信をもち，スキルの実行が増加したことが示唆された。これは，自由遊び場面における子どもたちの遊び行動の変化からもうかがうことができた。ソーシャルスキル低群と中群の子どもたちは，SSEの前後で，仲間との協調的な遊びが増加し，孤立行動が減少したのである。

一方，SSE前にソーシャルスキルが高かった子どもにも働きかけや教師評定得点の増加がみられたことから，本実践が，ソーシャルスキルをすでに習得している幼児にも有効で

あることが示唆された。幼児のSSEでは，習得したソーシャルスキルの般化を促すために，自由遊び場面での練習を導入している。ここでは，幼児の進行中の遊びを妨げないようにトレーナーが観察しながら，必要に応じてプロンプトやフィードバックを行った。このようなトレーナーのかかわりは，もともとスキルの高かった幼児が，さらに遊びのレパートリーを広げたり，遊び仲間を増やしたりするのに機能したのかもしれない。

以上のことから，SSEをクラス全体に実施する際は，子ども一人一人のソーシャルスキルの習得度を考慮するとともに，日常においても子どもに応じたヒント（プロンプト）やフィードバックを与えることを心がけたい。また，子どもたちの関係性をつなげていくという意識をもちながらSSEを実践することは，子どもたちの相互フィードバックを引き出し，良好な仲間関係の構築に役立つことが期待される。

◆ 引用文献

- 江村理奈・岡安孝弘（2003）「中学校における集団社会的スキル教育の実践的研究」，『教育心理学研究』51，339-350頁．
- 藤枝静暁・相川 充（2001）「小学校における学級単位の社会的スキル訓練の効果に関する実験的研究」，『教育心理学研究』49，371-381頁．
- 後藤吉道・佐藤正二・高山 巌（2001）「児童に対する集団社会的スキル訓練の効果」『カウンセリング研究』34，127-135頁．
- 金山元春・後藤吉道・佐藤正二（2001）「児童の孤独感低減に及ぼす学級単位の集団社会的スキル訓練の効果」『行動療法研究』26，83-96頁．
- 金山元春・日高 瞳・西本史子・渡邊朋子・佐藤正二・佐藤容子（2000）「幼児に対する集団社会的スキル訓練の効果－自然場面におけるコーチングの適応と訓練の般化性－」『カウンセリング研究』33，196-204頁．
- 岡村寿代・金山元春・佐藤正二・佐藤容子（2009）「幼児の集団社会的スキル訓練－訓練前の特徴に焦点をあてた効果の検討－」『行動療法研究』35，233-243頁．
- 佐藤正二・日高 瞳・後藤吉道・渡邊朋子（2000）「幼児に対する集団社会的スキル指導の効果」『宮崎大学教育文化学部附属教育実践総合センター研究紀要』7，63-72頁．
- 渡邊朋子・岡安孝弘・佐藤正二（1999）「幼児用社会的スキル尺度の標準化に関する研究」『日本行動療法学会第26回大会発表論文集』104-105頁．

❷ 保育園における「セカンドステップ」の評価

金山元春

第1節　セカンドステップとは

① ソーシャルスキル教育と「社会性と情動の学習」

　ソーシャルスキルとは観察できる具体的な行動として表現されるものであるが、最近ではそうした行動の背景にある認知や感情の働きも含めてソーシャルスキルを理解しようという考え方が広がっている。

　詳しくは、本書の「はじめに　2．ソーシャルスキルのアセスメント　第3節ソーシャルスキルに影響する要因に関するアセスメント」（P26）で確認してほしいが、結果として示される行動が不適切で効果的でないものであったとしても、それは状況の読み取りに困難があったり、対人目標と対人反応についての意思決定が不適切であったりなど、認知面で課題がある場合や、あるいは、不安や怒り、衝動性といった不快な感情をうまくコントロールできないなど、感情面に課題がある場合もあり、子どものソーシャルスキルに関しては、多面的な理解が求められる。

　最近ではそうした認知面や感情面を重視したソーシャルスキル教育が提唱されるようになり、それらは「社会性と情動の学習（Social and Emotional Learning）」（以下 SEL とする）の一種と位置づけられることもある。SEL とは「自己の捉え方と他者との関わり方を基礎とした、社会性（対人関係）に関するスキル、態度、価値観を身につける学習」（小泉, 2011）である。

② セカンドステップの概要

　SEL のうち，日本で広がりつつあるのが「セカンドステップ」（Second Step）である。これは，1980年代にアメリカの NPO Committee for Children によって開発された，子どもの暴力防止をねらいとした教育プログラムで，北米・南米・北欧など20数カ国で実践されている（宮崎，2013）。日本では NPO 日本こどものための委員会が2001年に設立され，アメリカで開発されたプログラムを日本の文化や実情に合うように改良したうえで普及・研修活動が展開されている。以下，セカンドステップのテキスト（NPO 日本こどものための委員会，2009）やインターネット・ホームページ（NPO 日本こどものための委員会，2015）あるいは宮崎（2013）の解説を基にセカンドステップについて概説する。

　日本では，コース0（対象年齢3〜6歳）からコース5（対象年齢12〜16歳）までが出版されており，いずれも，子どもが自分の感情を言葉で表し，人間関係における問題を解決する能力と，怒りや衝動をコントロールするスキルを身につけられるようにプログラムが設計されている。

　幼児向けのコース1（対象年齢4〜8歳）は，「相互の理解」（12レッスン），「問題の解決」（10レッスン），「怒りの扱い」（6レッスン）の3章28レッスンからなる。第1章「相互の理解」では「自分の気持ちを表現し，相手の気持ちに共感して，お互いに理解し合い思いやりのある関係をつくること」がねらいとされる。第2章「問題の解決」では「困難な状況に前向きに取り組み，問題を柔軟に解決する力を養って，円滑な関係をつくること」がねらいとされる。第3章「怒りの扱い」では「怒りの感情を自覚し，自分でコントロールする力を養い，建設的に解決する関係をつくること」がねらいとされる。

　1回のレッスンは30分程度である。子どもの写真が印刷されたレッスンカードを使う。カードの裏面には，レッスンの「ねらい」「ポイント」「行動目標」「留意点」「導入」「おはなしとディスカッション」「ロールプレイ」「日常への展開」の解説が書かれている。「導入」では，レッスンテーマに関連した歌・ゲーム・人形劇で子どもの興味と関心を引く。続いて「おはなしとディスカッション」を行い，レッスンテーマのスキルを一緒に考える。次に，「ロールプレイ」でそれらの行動を身につける練習を行う。さらに，学んだスキルの「日常生活への展開」を予告して終わる。

　なお，セカンドステップを実施するには，NPO 日本こどものための委員会による研修を修了する必要がある。この点を含めて，セカンドステップについては同会のホームページ（http://www.cfc-j.org/）にて詳しい情報を得ることができる。

第2節 日本におけるセカンドステップの広がりとその効果

1 セカンドステップの広がり

　セカンドステップは日本全国の幼稚園・保育園、小学校、児童養護施設等において実施されている。NPO日本こどものための委員会のホームページには、2014年6月3日現在で、約40の幼稚園・保育園が実施園として紹介されている。これはホームページに掲載された数であるので、実数はさらに多いだろう。

　最近では、セカンドステップに限らず、さまざまな心理教育プログラムが日本の保育・教育の現場で実践されるようになってきたが、年間計画を立てて28回のレッスンを系統的に積み重ねていくセカンドステップのように、日常的にプログラムを展開している例はまだ多くはない。その点で、日本におけるセカンドステップの広がりは注目に値する。

　NPO日本こどものための委員会（2009）のテキストには、幼稚園・保育園、小学校、児童養護施設等におけるセカンドステップの実践を通じて子どもたちが成長していく様子が紹介されている。

2 セカンドステップの効果

　保育実践・教育実践における実践報告は重要であって、それは軽視されるべきものではないが、その一方で、数量的データに基づく効果検証もまた重要である。しかし、この点についてはまだ十分とはいえない。

　数少ない例の1つとして、宮崎（2008）はセカンドステップを実施した小学校3校と実施しなかった小学校3校における1年生の行動を比較した結果を報告している。その報告によると、教員による反社会的行動の評価（低い方が望ましい）では、レッスン開始時には実施校の評価得点が高かったが、1年半後には実施校の得点は下がり、非実施校の得点は上がったという。さらに外部研究協力員が児童の攻撃的行動を評価した結果では、レッスン開始時には実施校の評価得点が高かったが、1年半後には実施校も非実施校と同程度に得点が下がったと報告されている。

　一方、幼児期のセカンドステップの効果に関しては、佐藤（2006）が実験場面（顔写真を用いた表情認知課題）における幼稚園児の反応について分析している。分析の結果、セカンドステップに参加した幼児は、セカンドステップに参加していなかった幼児と比較して、表情認知（表情から相手の気持ちを読み取ること）の正解率が上昇したと報告してい

る。しかし，日常場面における幼児の行動の変化に関してまでは不明である。

③ 幼稚園・保育園を対象とした全国調査

上記の現状を踏まえて，筆者の研究グループ（金山，2012）では，セカンドステップに参加した幼児の日常場面における行動を，一般幼児のそれと比較することによって，彼らの社会的発達について広く把握することを目的に，次のような全国調査を実施した。

セカンドステップは暴力防止をねらいとしているが，その効果はソーシャルスキルの学習の結果として生まれるものである（NPO日本こどものための委員会，2009）。また，セカンドステップを含めたSELの本来の目的は，問題の予防にとどまらず，人としての資質を積極的に開発し，社会的発達を促すことにある（小泉，2011）。そこで，セカンドステップに参加した幼児の社会的発達を評価するにあたっては，セカンドステップが焦点を当てている暴力のみに特化せずに，ソーシャルスキルと問題行動について多側面から調査することにした。

（1）手続き

NPO日本こどものための委員会のホームページにおいて，2010年2月の時点でセカンドステップを実施していることが公表されていた全国の幼稚園・保育園23園に，全レッスンが終了していると考えられた年度末の時点（2010年3月）で依頼文書を郵送し，セカンドステップを実施していたクラスの幼児を対象として，各クラスの担任保育者に，幼児のソーシャルスキルと問題行動について評定を求めた。また，評定のために，その時点で開発されていたソーシャルスキル尺度（金山ら，2011）と問題行動尺度（金山ら，2006）を同封した。前者は，仲間入りをしたり，仲間を活動に誘ったり，自己の要求を他者に伝えたりする行動からなる「主張スキル」，指示やルールに従うといった行動からなる「協調スキル」，葛藤場面で他者とおりあいをつけるといった行動からなる「自己統制スキル」の3側面を，後者は，攻撃・不注意・多動といった「外在化問題行動」，引っ込み思案や不安といった「内在化問題行動」の2側面を測定できる尺度である（この2つの尺度はその後改訂されている。P31参照）。そして，本調査について了解・協力できる場合は評定を実施し，評定結果を返送するように，また，同時にセカンドステップの実施者や実施状況についても回答を求めた。

（2）分析対象

23園中8園から返信があり，そのうちの5園の6歳児104名（男児48名・女児56名）を分析対象とした。ここではこれらの幼児を「セカンドステップ群」とした。残りの3園の幼児については，評定の時点で全レッスンを終了していなかったり，また異年齢混合で独

自のレッスンを実施していた等の理由から，今回の分析には含めなかった。なお，セカンドステップの実施者は，セカンドステップ指導員，園長，担任等とさまざまであった。一方，評定者はいずれも各クラスの担任保育者であった。

　また，比較対象として，金山ら（2006，2011）の尺度が作成された際に分析対象となった6歳児460名（男児230名・女児230名）を「一般群」とした。

（3）セカンドステップ群と一般群の比較

おもな結果は次のとおりであった。

①主張スキルと自己統制スキルでは，セカンドステップ群が一般群よりも有意に（「有意」とは簡単にいうと「偶然ではない」という意味）得点が高く，協調スキルではセカンドステップ群が一般群よりも得点が高く，その差は有意に近かった。

②外在化問題行動は，セカンドステップ群が一般群よりも有意に得点が低かった。

　セカンドステップは，ソーシャルスキルを学ぶことによって暴力を防止する，すなわち外在化問題行動を防止することをめざすものであるので，これは妥当な結果といえる。

第3節　保育園におけるセカンドステップの評価

① 目的

　上記の「全国調査」の結果は，セカンドステップが終了した後の一時点における調査の結果である。一般の幼児と比較した結果ではあるが，セカンドステップを実施したことが幼児のソーシャルスキルを向上させ，問題行動を軽減させた原因であるとは必ずしもいえない。この点について検討するためには，幼児の行動を継続的に調査し（これを「縦断的調査」という），その変化を分析する必要がある。

　そこで筆者の研究グループ（金山，2014）では，セカンドステップを実施していたある保育園の年長児を対象として，1年間にわたって，ソーシャルスキルと問題行動に関する縦断的調査を行った。

② 手続き

　セカンドステップを実施していたある保育園の年長児クラスにて，クラス担任の保育者に，レッスン前（4月），第2章終了時（12月），全レッスン終了時（翌年3月）の3度にわたって，幼児のソーシャルスキルと問題行動について評定を求めた。尺度には，前述の「全国調査」と同じソーシャルスキル尺度（金山ら，2011）と問題行動尺度（金山ら，

2006）を使用した。

③ セカンドステップの実施状況

レッスンは，クラス担任ではなく，NPO日本こどものための委員会の研修を修了した保育士が行った。レッスンは16名が在籍するクラスの保育室で，年間を通じて基本的に週1回のペースで行われ，コース1の28レッスンすべてが実施された。レッスンは1回につき30分程度であった。レッスンは，セカンドステップの理念にあるとおり，一人一人の考え方や表現が認められる風土のなかで進行された。子どもたちのレッスンへの参加意欲は高く，進行が大きく乱れるということもなかった。実施を担当した保育士はレッスンの様子をノートに記録するなど，レッスンの質と担当者としての力量の向上に努めていた。

④ ソーシャルスキルと問題行動の変化

（1）尺度得点の平均値

3時点にわたる評定結果がすべてそろう幼児14名（男児6名・女児8名）のデータを分析対象とした。図1～5に3時点にわたる尺度得点の平均値を示した。

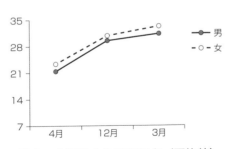

図1 主張スキル尺度得点（平均値）

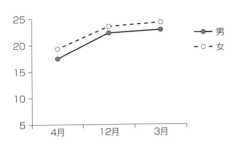

図2 協調スキル尺度得点（平均値）

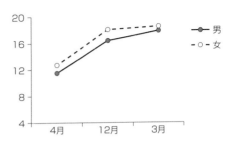

図3 自己統制スキル尺度得点（平均値）

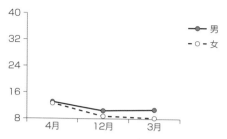

図4 外在化問題行動尺度得点（平均値）

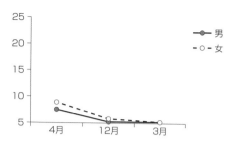

図5 内在化問題行動尺度得点（平均値）

（2）標準得点

レッスンに参加した幼児のレッスン前後の得点を，「一般群」の得点（金山ら，2006，2011によって算出された値）に基づいて標準得点化し，これを図6に示した。標準得点とは，0は一般的水準であることを，±1以上は一般的水準と比べてかなり高い（＋）か，かなり低い（－）ことを意味するように変換した得点のことである。

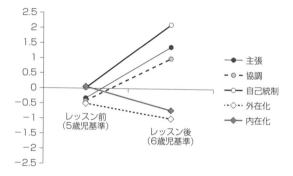

図6 ソーシャルスキルと問題行動の標準得点

レッスンを行った年長児クラス（5歳児クラス）の子どもは，年度内に5歳から6歳になるため，レッスン開始前の4月（全員5歳）の時点では5歳児基準で標準得点化し，レッスン完了後の3月（全員6歳）の時点では6歳児基準で標準得点化した。

⑤ まとめ

おもな結果は次の通りであった。

①主張スキル（図1）は，4月より12月と3月の得点が，12月より3月の得点が有意に高かった。

②協調スキル（図2）と自己統制スキル（図3）は，4月より12月と3月の得点が有意に高かった。

③問題行動は，外在化問題行動（図4）と内在化問題行動（図5）のいずれも，4月より12月と3月の得点が有意に低かった。

つまり，セカンドステップが2章を経過した時点（12月）で，レッスン前（4月）よりも，幼児のソーシャルスキル得点は上昇し，問題行動得点は低下していた。さらに全レッスンが終了した年度末（3月）までこの水準は維持されていた。

また，標準得点（図6）については次の通りであった。
④レッスン前はソーシャルスキルと問題行動のいずれも0に近い値であった。
⑤レッスン後は，ソーシャルスキルは大きな＋の値を，問題行動は大きな－の値を示した。

　つまり，まず，レッスン前の標準得点から，分析対象となった幼児のソーシャルスキルと問題行動は一般的水準にあったといえる。次に，レッスン前からレッスン後にかけての変化が自然な変化に過ぎないのであれば，レッスン後の標準得点も0に近い値を示したはずであるが，この時期の標準得点をみると，ソーシャルスキルはプラスの方向に，問題行動はマイナスの方向に大きな変化を示しており，この間に確認された変化には自然な変化以上の要因が働いていたのではないかと考えられる。つまり，ここからは，セカンドステップの効果を読み取ることができる。ただし，この解釈には限界もある。この点については次節で詳しく述べる。

第4節　今後の課題

　以上のように，日本においてセカンドステップが注目されつつあるなかで，セカンドステップに参加した幼児の社会的発達に関する数量的データを収集し，その分析結果を報告した意義は小さくないといえよう。その一方で，一連の研究には限界もあり，今後の課題も少なくはない。

　セカンドステップの全国調査の課題を踏まえて行われた縦断的調査の結果では，セカンドステップに参加した幼児のソーシャルスキルが向上し，その一方で問題行動が減少していく過程が見出された。この調査でも，セカンドステップに参加した幼児のソーシャルスキルと問題行動の水準が「一般群」と比較され，その結果からセカンドステップの効果が検討された。しかし，理想的には，セカンドステップに参加していない一般の幼児についても同時に縦断的調査を行い（これを「統制群」という），その比較を通じてセカンドステップの効果を検証していく「統制群法」による研究が求められる。

　また，一連の研究では保育者に幼児の行動評定を求めたため，評定結果に変化への期待効果（「子どもが変わっていてほしい」という保育者の思いが結果に影響を及ぼすこと）が含まれていた可能性がある。これを避けるためには第三者による行動観察が望まれる。

　さらに，幼児期にセカンドステップに参加した子どもについて，その後の社会的発達を追跡し，セカンドステップの長期的効果を検証する研究も必要である。発達支援という観点からすると，これは非常に重要な課題であるといえる。

　なお，教育実践・保育実践研究においては，特定の実践方法の効果を検証することを目

的とする研究と，実践の内容を他者と共有しながら省察を深めることでその教育実践・保育実践上の意味を吟味することを目的とする研究のいずれにもそれぞれの価値を認めることができる。両者はときに対立的関係に陥ることがあるが，本来はどちらも重要な観点である（安達, 2012；金山, 2014）。よって，今後は後者の観点からなる研究も必要だろう。

◆ 引用文献

- 安達知郎（2012）「学校における心理教育実践研究の現状と課題」，『心理臨床学研究』30, 246-255頁.
- 金山元春（2012）「【研究報告】セカンドステップに参加した幼児のソーシャルスキルと問題行動：一般幼児との比較」，『NPO法人日本こどものための委員会・ニュースレター』40, 3.
- 金山元春（2014）「保育所における『セカンドステップ』の評価」，『心理臨床学研究, 32, 132-136頁.
- 金山元春・金山佐喜子・磯部美良・岡村寿代・佐藤正二・佐藤容子（2011）「幼児用社会的スキル尺度（保育者評定版）の開発」，『カウンセリング研究』44, 216-226頁.
- 金山元春・中台佐喜子・磯部美良・岡村寿代・佐藤正二・佐藤容子（2006）「幼児の問題行動の個人差を測定するための保育者評定尺度の開発」，『パーソナリティ研究』14, 235-237頁.
- 小泉令三（2011）『社会性と情動の学習（SEL-8S）の導入と実践』ミネルヴァ書房
- 宮崎昭（2008）「ソーシャルスキルトレーニングの効果の検証：セカンドステップの公教育への導入」『日本カウンセリング学会第41回大会発表論文集』124
- 宮崎昭（2013）「暴力防止プログラム『セカンドステップ』」，『子どもの心と学校臨床』8, 81-94頁.
- NPO日本こどものための委員会（2009）『キレない子どもを育てるセカンドステップ』NPO法人日本こどものための委員会
- NPO日本こどものための委員会（2015）「NPO法人日本こどものための委員会」〈http://www.cfc-j.org/〉（2015.1.12アクセス）
- 佐藤秋子（2006）「幼稚園における『セカンドステップ』トレーニングの効果に関する実験的検討：共感性及び幼児の顔の表情理解との関連」，『国学院大学栃木短期大学紀要』41, 1-23頁.

付記

　第2節の「幼稚園・保育園を対象とした全国調査」は，NPO法人日本こどものための委員会『ニュースレター』第40号に掲載された記事を，そして第3節の「保育園におけるセカンドステップの評価」は，日本心理臨床学会『心理臨床学研究』第32巻に掲載された論文を，それぞれ再構成し，一部転載したものである。また，後者の論文は科研費（22730511）の助成を受けたものである。

　一連の研究にご協力いただきました全国各地のみなさまに厚く御礼申し上げます。なお，一連の研究は高知大学教育学部に当時在籍した森實千恵さん，桑平真澄さんをはじめとした学生のみなさんとの共同研究です。みなさん，ありがとうございました。

第Ⅲ部

幼児への個別の
ソーシャルスキル教育

1 引っ込み思案を示す幼児へのソーシャルスキル指導

清水寿代

第1節 本実践の意義

　引っ込み思案行動を示す幼児は，友達との相互作用が少なく，遊び時間に孤立しているだけではなく，集団活動場面においても活動への参加を拒否したり，活動から逸脱したりすることがある。このような行動を示す理由の1つとして，引っ込み思案児のソーシャルスキルの未熟さがあげられている。ソーシャルスキルの未熟さは，仲間とのかかわりやスキルの練習機会の減少をもたらし，結果として，仲間関係に対する不安感や対人場面における緊張感・自信の低下をもたらすことになる。このようなことから，引っ込み思案児へのSSEは，引っ込み思案行動の改善だけではなく，社会的適応にも効果的であることが示されている（佐藤ら，1993，1998）。

　引っ込み思案行動の改善には，適切なソーシャルスキルを身につけることが必要となるが，その際に重要となるのは，仲間との相互作用に役立つソーシャルスキルを習得させるということである。引っ込み思案児が指導場面を利用して新しいソーシャルスキルを身につけたとしても，そのスキルが日常場面での仲間との相互作用で使用されなければ，再び引っ込み思案行動が生じるおそれがある。また，引っ込み思案児が示す集団活動場面からの逸脱行動は，結果として，仲間集団からの排斥や孤立につながることがあるため，改善する必要がある。逸脱行動などの問題行動が生じる理由には，ソーシャルスキルの未熟さがあることから，なぜ逸脱行動が生じているのかを検討する必要がある。

　本章では，引っ込み思案行動と集団活動場面からの逸脱行動の改善をめざしたソーシャルスキル教育（以下SSEとする）を実施した岡村・杉山（2009）を参考にデータとともに紹介する。岡村らは，引っ込み思案幼児と子どもを取り巻く環境（保育士，仲間）との

相互作用に焦点をあて，仲間との相互作用や集団活動への参加に機能するスキルを標的スキルとして選定した。また，不安や緊張に配慮した場面設定を用いてSSEを行った。

① 標的スキルを選んだ理由

引っ込み思案のA児の他者とのかかわり方を確認するために，保育場面でのA児と保育士，A児と仲間との相互作用を観察した。その結果，A児と保育士の相互作用はお互いに受容的であったが，仲間とは嫌悪的な相互作用であった。このことから，A児ははたらきかけスキルをすでにもっているが，仲間との相互作用においては，攻撃的なはたらきかけをしてしまうために，結果として仲間から孤立していることがわかった。

また，逸脱行動については，新しい活動場面での不安や緊張が高く，どうしたらよいかわからないときに質問できないことが，不安や緊張をさらに高めていると考えられた。

このような行動観察の結果から，まずは，対人場面における成功体験を積ませ，不安や緊張を高めないように配慮した環境で，新しいスキルを習得することをめざすこととした。そのために，標的スキルには，すでにA児が習得している「話を聴くスキル」を取り上げた。このスキルは，A児にとってすぐに達成できるスキルであるため，成功体験を得ることができる。次に，不安や心配な場面でも質問できるように，「質問スキル」を標的スキルとして取り上げた。これらのスキルは，A児が在籍しているクラスのなかで，子ども同士の相互作用の維持に役立つことが，行動観察の結果によって確認されていた。

② 全体計画と考え方　全7回

SSEは，登園後の自由遊び時間に個別に実施された。SSEには，A児のほかに2名の子どもが参加した。第1・2回は，トレーナー（大学院生）とA児の信頼関係を築くことに焦点があてられ，続く回では，子ども同士の受容的な関係を築くことが目標とされた。

第1回	上手な聴き方	負荷が少なく実行できる標的スキルを選定し，スキル実行に対して直ちに賞賛することで，A児の自己肯定感を高める。	自由遊び（15分）★P128
第2回	上手な聴き方	A児とトレーナーのよい関係を構築し，安心できる場所での学びとなるよう配慮する。	自由遊び（20分）
第3～6回	質問の仕方	A児にとってスキル実行の負荷が高いため，A児がすでに経験している制作活動を取り入れて自然な流れのなかでスキルを練習させる。	自由遊び（25分）★P130
第7回	質問の仕方	友達と協力して宝物を探すゲームを実施しながら，学習したスキルを練習するとともに，友達と一緒に遊ぶことの楽しさに気づかせる。	自由遊び（30分）

第2節　指導案（抜粋）

第1回　上手な聴き方（話を聴くスキル）

上手に話を聴くには？

（1）本時のねらい

人の話を上手に聴くことができると，自分の活動にも役に立つし，仲間から受け入れられることにもつながることに気づかせる。また，上手な話の聴き方には，3つのポイントがあることを教示する。①相手の目を見て，②今している活動をやめて，③相手の方に体を向けて聴くことを習得させる。

（2）準備物

・約束カード
・紙芝居あるいは寸劇のシナリオ
・「上手に聴くスキル」ポイントカード
・シールカード

上手な聴き方3つのポイント絵カード
①相手の目を見て

②今している活動をやめて

③相手に体を向ける。手はおひざ，おしりと足はぺったんこ

（3）展開の概要

トレーナーは，主人公の男の子が友達の話を聴いていなかったために，集合場所を間違えてしまい，一緒に遊ぶことができなかったというストーリーの紙芝居を読み聞かせる。その後，子どもたちに，主人公がどのようにすれば友達と一緒に遊ぶことができるかを話し合わせる。トレーナーは，子どもたちの意見を参考にしながら，主人公が上手に聴くスキルを使用し，仲間と一緒に遊ぶことができる場面を提示する。このとき，A児から発言があった場合は，直ちに賞賛する。

次に，トレーナーが，「相手の目を見て」「今やっている活動をやめて」「相手の方に体を向けて」，上手に話を聴く行動モデルを実演する。この時，上手に話を聴くスキルのポイントが子どもに伝わりやすいように，ポイントを描いた絵カードを黒板に貼り付け，ポイントを言葉でナレーションしながらモデリングを進めることを心がける。

モデリングに続いて，行動リハーサルを実施する。子どもが人前で実演することに対して不安や緊張を高めないように，自然な雰囲気のなかで実施する。A児がスキルを実行

できたときには，言語的・非言語的な方法を用いて大いに賞賛する。

　SSE の開始から数回は，特に，引っ込み思案児は不安や緊張が高いため，負荷の少ないスキルを標的とし，トレーナーと子どもの関係を築くことに重きを置き，子どもにとって安心できる環境のなかで，SSE を実施することを心がける。

	学習活動と子どもの様子	ポイントと留意点
導入	(1) 学習をする前に，約束を確認する。 「これからお友達と仲よく遊ぶための方法を練習します。その前に，お約束があります」（黒板に絵カードを貼り付ける） 　ふざけない，恥ずかしがらない，からかわない (2) 問題場面の提示 「男の子が友達の話を聴いていなかったために，集合場所を間違えてしまい，一緒に遊ぶことができなかった」という場面を紙芝居や寸劇で提示する。 「この男の子のどんなところがよくなかったのでしょうか？　お友達と一緒に遊ぶためにはどうしたらよいでしょうか？」	・学習を始める前には，必ず約束を確認する。 ・約束事を記したカードを用意し，黒板に貼り付けるとよい。 ・スキル学習の動機づけを高めるような場面設定にする。
展開	(3) 上手に聴くための3つのポイントを知る。 「今の聴き方のどこがよかったでしょう？」 　①相手の目を見る　②今やっている活動をやめる 　③相手の方に体を向ける 　上手に聴くことができると，自分自身の活動に役立つだけでなく，仲間から受け入れられることにもつながることに気づかせる。 (4) 上手な聴き方のポイントを押さえて練習をする。 「上手な聴き方のポイントができているかよく見てくださいね」 「お友達のどんなところがよかったでしょうか？」 　上手な聴き方をする役，観察する役のどちらにも正のフィードバックをする。 「上手な聴き方のポイントがよくできていましたね」 「お友達の練習をしっかり見ていましたね」 (5) ゲームを用いて，さらに練習をする 　上手に聴くことで進行するゲームを用いながら，楽しい雰囲気のなかで練習できるようにする。	・上手な聴き方のポイントを描いた絵カードを用意する。 ・子どもにとってわかりやすい言葉で伝える。 ・子どもから発言があったときは確実に賞賛する。
まとめ	(6) 本時の振り返りと日常場面でのスキルの使用を促す。 「上手な聴き方には3つのポイントがありましたね」 「みんなが上手な聴き方をしてお友達と楽しく遊ぶことができたら，シールを貼りましょうね」	・シールカード等を用いて日常場面でのスキル使用の動機づけを高める。 （→ P108）

第3回 質問の仕方（質問スキル）
上手に質問をするには？

（1）本時のねらい
　わからないことがあるときは，質問することの大切さを知る。質問をすることによって困りごとが解決し，相手もうれしい気持ちになることに気づかせる。また，質問スキルには，いくつかのポイントがあることを理解させる。質問するときには，①相手に近づいて，②相手の目を見て，③相手に聞こえる声で，④笑顔で，質問することを習得させる。

（2）準備物
・約束カード
・紙芝居あるいは寸劇のシナリオ
・「質問スキル」ポイントカード
・シールカード

（3）展開の概要
　質問スキルを実践することは，A児にとって負荷が高いと考えられるため，初めに，すでに保育活動で経験したことのある制作活動を実施する。A児は乗り物に関心をもっているため，車や新幹線といったA児が好きな乗り物を制作する。そして，乗り物制作の途中で，A児が他の友達に何を作っているのかを質問したり，友達がA児に何を作っているのかを質問したりする。

　A児が質問する役，友達に質問されて応える役の双方を終えた後に，トレーナーは，主人公の男の子が，お友達と一緒にブロックで車を作ることになったが，車の作り方がわからなくて泣いてしまったというストーリーの紙芝居を読み聞かせる。その後，子どもたちに，主人公がどのようにすればお友達と一緒に遊ぶことができるかを話し合わせる。トレーナーは，子どもたちの意見を参考にしながら，主人公が質問スキルを使用し，仲間と一緒に遊ぶことができる場面を提示する。

　次に，モデリングや行動リハーサルを行い，A児がスキルを練習する機会を設ける。その際，トレーナーは，実践に対して大いに賞賛を与える。A児のように不安や緊張が強い子どもの場合は，不安や緊張を高めないような環境設定が非常に重要である。SSEでは，子どもの状態に応じてリハーサル場面を最初にもってくるなど，流れを自由にアレンジすることができる。このように，個に応じた実践を心がける。

	学習活動と子どもの様子	ポイントと留意点
導入	(1) 前時の復習をし，約束を確認する。 「お友達と仲よく遊ぶためにはいろいろな方法がありますね。今日も練習をしますよ。その前に，お約束があります」 　ふざけない，恥ずかしがらない，からかわない (2) 問題場面の提示 　主人公の男の子は，お友達と一緒にブロックで車を作ることになったが，車の作り方がわからなくて泣いてしまったという場面を紙芝居や寸劇で提示する。 「男の子は，お友達と楽しく遊ぶために，どうしたらよかったでしょうか？」	・前回の復習をする。また，学習を始める前には，必ず約束を確認する。 ・スキル学習の動機づけを高めるような場面設定にする。
展開	(3) 質問の仕方のモデリングを見て，ポイントを知る。 「今の質問の仕方のどこがよかったでしょう？」 　①相手に近づく　　　　　②相手の目を見る 　③相手に聞こえる声で言う　④笑顔で言う 　上手に質問をすることによって，自分自身の活動に役立つだけでなく，お友達もうれしい気持ちになることに気づかせる。わからないときには，尋ねればよいことを伝える。 (4) 上手な質問の仕方のポイントを押さえて，活動をしながら練習をする。 ①粘土で車を作り，どんな車を作っているのかを質問しあう。 ②くじ引きでどんなくじを引いたかを質問しあう。 ③工作をして，何を作ったのかを質問しあう。 「ポイントを押さえて上手に質問ができていましたか？」 「お友達のどんなところがよかったでしょうか？」 　質問する役，質問される役のどちらにも正のフィードバックを与える。	・質問の仕方のポイントを描いた絵カードを用意する。 ・子どもは，質問をする役と質問される役のどちらも実施する。 ・子どもの不安や緊張を高めないように，日頃から子どもが無理なく実施できている活動を選択するなど，環境設定に配慮する。 ・友達と一緒に遊ぶことの楽しさに気づけるようにする。
まとめ	(5) 本時の振り返りと日常場面でのスキルの使用を促す。 「上手な質問の仕方にはポイントがありましたね」 「みんなが上手に質問をしてお友達と楽しく遊ぶことができたら，シールを貼りましょうね」	・シールカード等を用いて日常場面でのスキル使用の動機づけを高める。 （→ P108）

第3節 実践の結果

1 効果測定の方法

本実践では、SSEの効果を検討するために、自由遊び場面での子どもの行動観察と「社会的相互作用評定－引っ込み思案児版－」をSSE前後に実施した。

行動観察では、集団活動場面および自由遊び場面におけるA児の10分間の行動観察を実施し、集団活動からの逸脱率の変化と自由遊び場面でのA児から仲間への適切なはたらきかけの頻度を分析した。また、担任保育士が「社会的相互作用評定－引っ込み思案児版－」を用いてA児の引っ込み思案行動の評定を行った。

2 集団活動からの逸脱率の変化

図1は、A児の集団活動からの逸脱率を示している。SSE前は、集団活動が開始されるとすぐに活動から離れ、仲間とは異なる行動をしたり、教室の隅に隠れたりする行動が見られた。そのような行動に対して保育士は、活動に戻るように促したり、A児の近くで見守る行動をとっていた。SSE前の逸脱率は、65％と高い割合を占めていた。

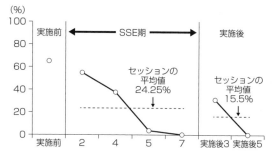

図1 集団活動からの逸脱率

SSEが開始されると、A児は徐々に集団活動に参加できるようになっていった。SSEに一緒に参加していた仲間がA児をサポートするようになり、A児も安心して活動に参加できるようになった。集団活動からの逸脱率は、第2回は、55％であったが、第7回には0％になった。

SSEの終了後も、SSE前よりも低い逸脱率を維持しており、A児が以前よりも集団活動に参加できるようになっていることが示された。

3 自由遊び場面での仲間への社会的はたらきかけの変化

図2は、A児の自由遊び場面での社会的はたらきかけの変化を示したものである。A児が自由遊び場面において、10分間のうちに仲間にはたらきかけた回数を示している。A

児の仲間へのはたらきかけは，SSEの開始前は平均2.5回と少なかった。SSEが開始されると，A児のはたらきかけは平均6回へと増加した。SSE終了後も平均7回のはたらきかけが確認され，SSE期の水準を維持していることが示された。

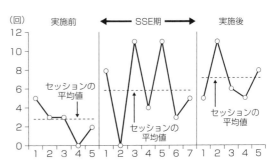

図2 自由遊び場面での仲間への社会的働きかけ

SSE前のA児のはたらきかけは，周りの仲間のものまねをしたり，注目を獲得するための意味をなさない言葉かけが多く，仲間がどのような応答をすればよいか困る様子が確認された。また，A児がたまに見せる適切なはたらきかけは，仲間に気づかれなかったり，拒否されたりしていた。SSEが開始されると，自由遊び場面で仲間との協調遊びが見られるようになった。A児が進行中の遊びについてコメントをし，仲間がそれに応答するなど，仲間との相互作用が生じるようになった。SSE終了後には，A児は3名以上から成る協調遊びに参加するようになるなど，人数も拡大していることが確認された。

④ 引っ込み思案行動の変化

表1は，SSE前後に担任保育士によって実施された「社会的相互作用評定項目－引っ込み思案児版－」の結果を示したものである。担任保育士は，A児の引っ込み思案行動がSSE前後で改善されたと評価した。特に，「クラスの友達と言葉で社会的やりとりができる（項目①）」，「30秒以上の長い会話ができる（項目⑥）」の得点が高くなった。

表1 社会的相互作用教師評定―引っ込み思案児版―の結果

	実践前	実践後
①クラスの友達と言葉で社会的やりとりができる	3	5
②友達のなかで自分から積極的に発言できる	2	4
③ほかの子どものはたらきかけに積極的に応答できる	2	4
④同じクラスの子どもと一緒に積極的にゲームに参加できる	1	4
⑤教室のなかでリーダーシップをとることができる	1	2
⑥30秒以上の長い会話ができる	1	5
⑦クラスの子どものグループに接近して，グループに入ることができる	2	3
⑧クラスの多くの友達と話をしたり遊んだりすることができる	2	4
平均値	1.75	3.88

Hops, Walker, & Greenwood（1988）

⑤ 考察

本実践の対象となったA児は，はたらきかけスキルは習得しているものの，仲間との相互作用においてソーシャルスキルが適切に実行されず，繰り返し失敗を経験していたこと，新奇場面への不安や緊張の高さから，活動を回避することが常態化し，結果的に，クラス集団から排斥されていることが示された。

このことから，A児に対するSSEでは，A児の成功体験の積み上げを目標とし，すでに習得しているスキルを標的スキルとして選択した。また，A児にとっては，SSE自体が新奇場面となるため，日常の保育場面と同様の活動を用いることで，A児の不安や緊張を高めないような環境設定を心がけた。その結果，仲間との相互作用が生じるようになり，集団活動への参加自体がA児にとって楽しいものへと変わっていった。

引っ込み思案児は，その行動特徴を示すがゆえに賞賛される機会を失っており，ソーシャルスキルの未熟さとスキルの実践機会の少なさが積み重なって，引っ込み思案行動が維持していると考えられる。したがって，ソーシャルスキルの未熟さと逸脱行動のような問題行動を切り離して考えるのではなく，引っ込み思案児を取り巻く環境との相互作用のなかで両者を関連させながら，SSEのプログラムを組み立てていけるように心がけたい。

◆ 引用文献

- 岡村寿代・杉山雅彦（2009）「引っ込み思案幼児への社会的スキル訓練－相互作用の促進と問題行動の改善－」『行動療法研究』33, 75-87頁.
- 佐藤正二・佐藤容子・高山　巌（1993）「引っ込み思案幼児の社会的スキル訓練－社会的孤立行動の修正－」『行動療法研究』19, 1-12頁.
- 佐藤正二・佐藤容子・高山　巌（1998）「引っ込み思案児の社会的スキル訓練－長期的維持効果の検討－」『行動療法研究』24, 71-83頁.
- Hops, H., Walker, H. M., & Greenwood, C. R.（1988）Procedures for establishing effective relationship skills（peers）: Manual for consultants. Delray, FL: Educational Achevement Systems.

❷ 攻撃的な行動を示す幼児へのソーシャルスキル指導

磯部美良

第1節 はじめに

　人間が生涯でもっとも攻撃的なのは，幼児期だと言われている。考えてみれば当然のことで，子どもはこの時期，仲間とのやりとりを学びはじめたばかりであり，おもちゃの貸し借りひとつとっても，「貸して」あるいは「終わったら貸して」の一言が出ないために，相手を叩く，かみつく，髪の毛をひっぱるなど，相手の体に向けた攻撃をしてしまうのである。

　こうしたケンカは親や保育者の頭痛の種であるが，子どもたちは仲間とのさまざまな葛藤を経験するなかで，思いを伝えあうこと，仲間とゆずりあうことを学んでいく。言いかえると，ソーシャルスキルを身につけていくのである。それには大人による根気づよいサポートが必要なのはいうまでもないだろう。

　さて，4, 5歳児になると，仲間関係は質的に変化し，子どもは仲間との関係そのものを強く意識するようになる。仲よしのお友達と一緒に過ごすことが楽しくて，友達づくりの努力もいっそう本格化していく。すると，なかには特定の子どもを仲間の輪から排除する，無視する，悪いうわさを流すなど，相手の仲間関係に向けた攻撃をする子どもが出てくる。心理学では，こうしたタイプの行動を，関係性攻撃（Crick & Grotpeter, 1995）と呼んでいる。

　本章では，関係性攻撃が顕著であった年中組の女児（A児）に対して実施したソーシャルスキルの個別指導について紹介する。

第2節 実践の概要

① 対象児の様子

A児は，入園当初，一人で絵本を読んで過ごすことが多かったが，年少組のB児と仲よしになってからは様子が一変し，周囲の子どもたちに対してボス的な振る舞いをみせるようになった。例えば，B児の幼なじみのC児が仲間に入ろうとすると，「Cちゃんはかわいくないから入れてあげない」といって押しのけたり，すべり台の上から「Cちゃんは，上がってきちゃだめよ」と排斥したりする。ところが，仲よしのB児がいないと，とたんに不安げな表情になり，一人で園内をあてもなく歩き回ったり，ほかの子どもたちの遊びをただ眺めたりしていた。

こうした様子から，A児は自分から友達にはたらきかけたり，仲間入りしたりするスキルが不足しているために，ようやくできたお友達を独占しようとして，ほかの子どもを寄せつけないよう，関係性攻撃を行っているものと考えられた。したがって，仲間入りスキルをはじめとしたソーシャルスキルを習得することによって，自発的にさまざまな仲間とかかわることができるようになれば，関係性攻撃を用いる必要がなくなるだろうと予想できた。

② 本実践の基本的な枠組み

図1は，本実践の基本的な枠組みを表したものである。ここからわかるように，関係性攻撃を低減するため，2つの流れを想定した。1つは，①仲間入りスキルの習得と，②多様な仲間とのかかわりの促進を通じて，関係性攻撃の土壌となる排他的な仲間関係を解消し，関係性攻撃を低減するというものである。①の仲間入りスキルについては，表1に示した。②の「多様な仲間とのかかわりの促進」について，通常のソーシャルスキル指導では，般化効果を期待して，対象児とのかかわりが多い子どもを「仲間ヘルパー」として指導に参加させることが多い。一方，A児の場合は，排他的な仲間関係を解消していく必要があることから，本実践では，A児との

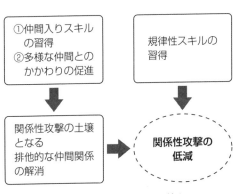

図1 本実践の基本的な枠組み

かかわりが比較的少なく、かつ教師の指示に対する反応がよい2名の女児を「仲間ヘルパー」として参加させることにした。

もう1つの流れは、関係性攻撃と拮抗する規律性スキルを習得させることにより、関係性攻撃を低減させることをめざすというものである。A児は、ボス的に振る舞ったり、他児の発言を無視することが多かった。したがって、規律性スキルのなかでも、「ルールを守るスキル」と「仲間の話を聴くスキル」がA児の関係性攻撃と置き換わるスキルであると考えられたため、表1の規律性スキルをターゲットスキルとして選択した。

③ 全体計画

（1）個別指導の場面設定

指導は、午前中の自由遊び時間のうち約15分間を利用して行われた。場所は、保育園の応接室であった。A児と仲間ヘルパー2名を連れて来て、表1に示すソーシャルスキルのそれぞれについて、図版や指人形を用いて指導した。

表1　全体計画

第1回	仲間入りスキル	遊んでいる仲間に「入れて」と言って遊びに加わる
第2回	仲間入りスキル	遊んでいる仲間に「入れて」と言って遊びに加わる。「何してるの？」とたずねて遊びに加わる
第3回	仲間入りスキル	「遊ぼう」と言って仲間を遊びに誘う
第4回	仲間入りスキル	「○○しよう」と仲間に遊びの提案をする
第5回	仲間入りスキル	仲間に遊びの提案を断られたとき、「また今度ね」と言う
第6回	規律性スキル	遊びのルール説明を聞いて、守る
第7回	規律性スキル	仲間の呼びかけに対して「うん」と答える（無視しない）
第8回	規律性スキル	仲間の呼びかけに対して「どうしたの？」と答える（無視しない）
第9回	規律性スキル	仲間の呼びかけに対して「なに？」と答える（無視しない）
第10回	規律性スキル	全体のまとめ

（2）ソーシャルスキルの集団指導

自然場面への指導の般化を目的として、園全体を対象としたSSEについても合わせて2回実施した。指導内容は、表1の第1回と第6回と同様であった。これらの指導では、A児と仲間ヘルパー2名がトレーナー（大学院生）のアシスタント役を担った。

（3）効果測定

本実践の効果測定として、磯部・佐藤（2003）の関係性攻撃尺度（表2）とソーシャルスキル尺度（表3）を実践の前後および3か月後に実施した。また、毎回のソーシャルスキル指導の前後で行動観察を行い、A児の仲間との相互作用の内容（協同遊び、会話など）とかかわった仲間の名前を記録した。

表2 関係性攻撃尺度の項目（保育士による5段階評定）

1	ほかの子に「○○ちゃんと遊ばないように」とか「○○ちゃんと友達にならないように」と言う
2	ほかの子たちに，ある子を，嫌いにならせる
3	仲間に「あなたとは遊ばない」とか「私の言う通りにすればあなたと友達になってあげる」と言う
4	ある子に腹を立てると，その子を仲間外れにする
5	「私の言うことを聞かないと仲間外れにしてやる」と言葉で脅す

磯部・佐藤（2003）

表3 ソーシャルスキル尺度の項目（保育士による5段階評定）

友情形成スキル
1. 友達をいろいろな活動に誘う
2. 自分から仲間との会話を仕掛ける
3. ゲームや集団活動に参加する
4. 教室での活動に自分から進んで仲間の手伝いをする
5. 自由時間の過ごし方が適切である

規律性スキル
1. 教師の指示に従う
2. 仲間とのいざこざ場面で，自分の気持ちをコントロールする
3. 人とゲームをしているときにルールに従う
4. 園にある遊具や教材を片づける
5. 批判されても気分を害さないで気持ちよくそれを受ける
6. ゲームなどの活動中に，自分の順番を待つことができる
7. 大人とのいざこざ場面で，自分の気持ちをコントロールする

主張性スキル
1. 適切な場面で自分の良いところを言える
2. 指示しなくても初めて会う人に自分から自己紹介する
3. 言われなくても教師の手伝いをする
4. 仲間にいじわるされても適切に応答する

磯部・佐藤（2003）

第3節　実践の内容（抜粋）

第1回　仲間入りスキル
遊んでいる仲間に「入れて」と言って遊びに加わる

（1）本時のねらい

　本実践で用いた問題場面は，いずれも，事前の自由遊び時間における行動観察を行ったときに，A児が苦手としていることが見受けられた対人問題場面から選択された。それぞれの問題場面を描いた一枚絵を作成し，A児がソーシャルスキル習得の必要性を理解しやすいよう工夫した。

　右ページに示した第1回目のセッションでは，まず，仲間の遊びに入っていくことができず，一人で寂しそうにしている女の子が描かれた一枚絵を見せながら，①主人公の表情，②その理由，③どうしたら仲間に入ることができるのかを考えさせた。次に，指人形を用いて，問題のある仲間入りの例をいくつか見せ，仲間入りスキルを用いるにあたってのポイント（声の大きさ，距離など）に気づかせるようにした。

　適切なソーシャルスキルをモデリングさせたあと，「仲間に入れてもらう役」と「仲間に入れてあげる役」を交代しながら，繰り返し練習し，十分に習熟させた。このあいだ，トレーナーは賞賛とフィードバックを与えるようにした。

　最後に，トレーナーは本セッションで学んだことをまとめ，日常場面におけるソーシャルスキルの使用を促した。

（2）準備物
・一枚絵
・指人形2つ
・ごほうびシールなど

（3）実践の様子

　A児は，はじめ緊張した面持ちであったが，元気で応答的な仲間ヘルパーにつられるように，セッションの終わりには笑顔で仲間入りスキルを練習するようになった。特に，転機となったのは，第5回目の「仲間に遊びの提案を断られたとき，『また今度ね』と言う」のセッションであった。このときまでに，A児は，自由遊びの時間に仲間ヘルパーらと遊ぶようになっていたが，このセッション以降，多様な仲間との相互作用を劇的に増加させた。仲間ヘルパーらとの新たな関係や，仲間入りスキルの習得が，「仲間へはたらき

かけてみよう」という自信につながったものと考えられる。

指導と子どもの様子	留意点
(1) 一枚絵を用いて，問題場面を提示する。 「今日は，お友達が遊んでいるところに入れてもらう練習をします。（一枚絵を提示し）この子たちは何をしているのかな？」 　・積み木で遊んでいる 「ここに，みんなが遊んでいるのを一人で見ている子がいるよ。この子は，どんなお顔をしているかな？」 　・悲しそう　・泣きそう 「どうしてだと思う？」 　・一人ぼっちだから　・一緒に遊びたいから	・楽しい雰囲気をつくり，緊張をほぐす。 ・一人ぼっちの主人公の気持ちを考えさせる。
(2) 主人公の問題が引き起こす否定的な結果について話し合う。 「でも，こうやって見ているだけで，この子はみんなと一緒に遊べるかな？」 　・遊べない	・見ているだけでは遊べないことを押さえる。
(3) 指人形を用いて，ソーシャルスキルの悪い例を提示して，その結果について話し合う。 「ここで，2人のお友達に登場してもらいます（指人形を紹介する）。今から○○ちゃんが，遊んでいる△△ちゃんの仲間に入れてもらうよ。よく見ていてね。」 ○トレーナーは，以下の4つの場面を順に見せ，それぞれの問題点と大切なポイントについて，子どもたちに話し合わせる。 　・遠くから「入れて」と声をかける 　・近くから，しかし，別の方向を見て声をかける 　・近くで，何も言わない 　・小さな声で，「入れて」と声をかける	・すべてのセッションで同じ指人形を用いることにより，子どもが親しみをもてるようにする。 ・大げさに演じることによって，ポイントに気づかせるようにする。
(4) モデルの提示と役割を交代しながら行動リハーサルを行う。 「まず，先生がやってみるよ。さっき，みんなが言ってくれたことがちゃんとできているか見てください。…（モデリング）。では，今度はみんなで練習してみましょう。」 ○互いに賞賛しあい，ごほうびシール等をもらう。	・ポイントを押さえながら，ポジティブなフィードバックを行う。
(5) 日常場面におけるソーシャルスキルの使用を奨励する。 「今日はみんなで，お友達の仲間に入れてもらう方法を練習しました。仲間に入れてもらうためには，どうすればよかったかな（ポイントの確認）。では，今から，遊んでいるお友達のところに戻るから，今習ったことをやってみようね。」	

第8回　規律性スキル
相手の話を無視せずに，聴いて，応答する

(1) 本時のねらい
　第6～9回目のセッションでは，問題場面として，主人公が仲間からのはたらきかけを無視したために，仲間と一緒に遊べなくなる場面や，仲間が泣いてしまう場面などを取り上げた。ここでは，無視された仲間の気持ちを考えるように促し，仲間の話を聴くことは，その子に優しくしてあげることだと強調した。これらのスキルのポイントは，やっていることを止める，相手の顔を見る（アイコンタクト），話に集中する（何のお話かなと考えて話を聴くことであると説明）の3点とした。なお，これらのセッションでは，適宜，簡単な伝言ゲームやトレーナーによる「質問コーナー（子どもの名前を呼んで，答えやすい質問をするなど）」を取り入れ，楽しい雰囲気のなかでスキルの習熟を促すようにした。

(2) 準備物
・指人形2つ
・ごほうびシールなど
・大切なポイントを描いた一枚絵

ほかのことをやめる

話している人を見る

何のお話かなと考えて
お友達の話を聴く

(3) 実践の様子
　このころまでに，A児はかなり明るい表情を見せるようになっており，セッションの間も，ソーシャルスキルの悪い例を演じる指人形に対して「お友達のお顔を見ないとだめよ！」「がんばって！」などと元気に発言するようになった。自由遊び場面においても，いろいろな仲間に対して仲間入りスキルを使ってはたらきかけ，協同的な遊びにも笑顔で参加する姿が見られるようになった。

指導と子どもの様子	留意点
(1) 指人形を用いて，問題場面を提示する。 ○前回の振り返りの後，指人形を用いて，問題場面を提示する。 「(指人形を用いて) ○○ちゃんが△△ちゃんに『おはよう』とあいさつしたのに，△△ちゃんは応えてくれなかったので，○○ちゃんはどこかへ行ってしまいました。どうしてかな？」 　・悲しい　・寂しい 「なんて言ってもらいたかったのかな？」 　・おはようって言ってもらいたかった 「そう言ってもらえたら，どんな気持ちになるかな？」 　・うれしい　・もっとお話ししたくなる 「お友達のお話を聴くってことは，お友達に優しくしてあげることみたいだね。」	・無視された主人公の気持ちを考えさせる。 ・お友達の話を聴くことは，お友達に優しくしてあげることだと強調する。
(2) 指人形を用いて，ソーシャルスキルの悪い例を提示して，その結果について話し合う。 ○トレーナーは，以下の3つの場面を順に実演し，それぞれの問題点について，子どもたちに話し合わせる。 　・ほかのことをしていて，話を聴かない 　・別の方向を見ていて，話を聴かない 　・話に集中していない	・大げさに演じることによって，ポイントに気づかせるようにする。 ・図版を1枚ずつ見せながら，ポイントを確認していく。
(3) モデルの提示と役割を交代しながら行動リハーサルを行う。 「まず，先生がやってみるよ。さっき，みんなが言ってくれたことがちゃんとできているか見ていてください」 「お友達の話を聴くには，ほかのことをやめて，話している人を見て，『何のお話かな？』って，その人のお話を聴くことが大事だね。お友達の話を聴いてあげるのは，お友達に優しくしてあげることだね。では，今度はみんなで練習してみましょう」 ○互いに賞賛しあい，ごほうびシール等をもらう。	・ポイントを押さえながら，ポジティブなフィードバックを行う。 ・ここで，簡単な伝言ゲームを取り入れて，話を聴く際のポイントを確認するワークを入れるとよい。
(4) 日常場面におけるソーシャルスキルの使用を奨励する。 「今日は，お友達のお話を聴く練習をしたよ。3つ，大事なことがあったね…(答えさせる)。では，今から，みんなで遊んでいるお友達のところに戻るから，習ったことをやってみてね。」	

第4節　結果とまとめ

① 評定尺度と行動観察の結果

指導の結果，A児の関係性攻撃得点は減少し，3か月後も，その水準が維持されていた（図2）。このことから，指導による関係性攻撃の低下の効果は，保育士からみても明らかだったことがわかる。

すでに述べたとおり，本実践では，関係性攻撃を低減するために，2つの流れを想定していた。1つは，①仲間入りスキルの習得と，②多様な仲間とのかかわりの促進を通じて，関係性攻撃の土壌となる排他的な仲間関係を解消し，関係性攻撃を低減するというものであった。

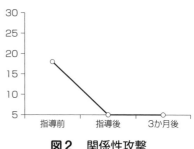

図2　関係性攻撃

結果をみると，(1) 保育士による評定では，A児の友情形成（仲間入り）スキルの得点が増加した（図3），(2) 行動観察によると，A児の孤立行動は減少し，手つなぎ歩き（排他性の一指標）も減少した，(3) A児は，指導開始と同時に自由遊び時間において仲間ヘルパーらとのかかわりを増加させたが，しばらくすると仲間ヘルパーやB児らとのかかわりは減少し，その他の多様な仲間とのかかわりを増加させた。以上の結果から，当初のねらい通り，A児の仲間関係の排他性は低下したといえる。

もう1つの流れは，関係性攻撃と拮抗する規律性スキルを習得させることにより，関係性攻撃の低減をめざすというものであった。結果をみると，(1) 保育士による評定では，A児の規律性スキル得点が増加した（図4）。さらに行動観察の結果によれば，(2) 2つのターゲットスキルを習得することで可能となる協同的な遊びが増加した，(3) 関係性攻撃の標的となっていた子どもとのポジティブな相互作用が増加した。

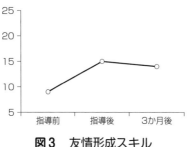

図3　友情形成スキル

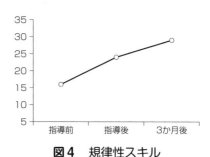

図4　規律性スキル

これらの結果から，本実践は，A児の仲間関係を改善し，関係性攻撃を低減するにあたって，有効であったといえるだろう。指導後，A児は見違えるように元気で明るくなり，その適応の良好さは卒園するまで続いたとのことであった。

攻撃的な子どもは，大人から叱責されたり，「問題のある子ども」というレッテルを貼られたりすることが少なくなく，自尊心が低下しがちである。もちろん，相手を傷つけるようなひどい攻撃に対しては叱責することも必要だが，その子どもがなぜ攻撃的な行動をしてしまうのかを見極め，指導していく必要がある。本実践は，そのことをあらためて感じさせられた事例であった。

② おわりに

関係性攻撃が顕著な子どもたち，とりわけ女の子たちの場合，その仲間関係はきわめて親密かつ排他的であり，その遊びもおしゃべりがメインで，ルールのある協同的な遊びに参加することが少ない傾向にある（Isobe, Carvalho, & Maeda, 2004）。こうした仲間関係のあり方は，いわゆる女の子の典型的な仲間関係のあり方と見なされることから，周囲の大人は問題視しにくいものかもしれない。しかし，幼児期の子どもは，仲間との協同的な遊びを通じて，集団活動に必要なさまざまなソーシャルスキルを身につけるものである。とすると，適切な指導がなければ，関係性攻撃の顕著な子どもは，ますます社会性の発達にハンディを抱えることになりかねない。

そもそも，関係性攻撃が顕著な子どもの思いは，「仲よしのお友達がほしい」というけなげなものである。子どものこうした親和欲求を望ましいソーシャルスキルでもって満たすことができるよう，周囲の大人がサポートしていくことが大切なのではないだろうか。

◆ 引用文献

- Crick, N. R., & Grotpeter, J. K. (1995) Relational aggression, gender, and social-psychological adjustment. Child Development, 66, pp.710-722.
- Isobe, M., Carvalho, M. K. F., & Maeda, K. (2004) Behavioral orientation and peer contact pattern of relationally aggressive girls. Psychological Reports, 94, pp.327-334.
- 磯部美良・江村理奈・越中康治 (2008)「関係性攻撃を示す幼児に対する社会的スキル訓練」,『行動療法研究』34 (2), 187-204頁.
- 磯部美良・佐藤正二 (2003)「幼児の関係性攻撃と社会的スキル」,『教育心理学研究』51 (1), 13-21頁.

※本実践の図表は,『行動療法研究』34 (2), 187-204頁に掲載したものを，一部修正しています。

③ 発達障害が疑われる幼児へのソーシャルスキル指導

佐藤美幸

第1節 はじめに

① 幼稚園・保育園における特別支援教育

　平成17年に発達障害者支援法が施行され，「自閉症，アスペルガー症候群その他の広汎性発達障害，学習障害，注意欠陥多動性障害その他これに類する脳機能の障害であってその症状が通常低年齢において発現するもの」が発達障害として定義された。さらに同年にまとめられた「特別支援教育を推進するための制度の在り方について（答申）」において，発達障害の子どもたちに対しての支援を推進すべきであることが提言された（中央教育審議会，2005）。

　平成20年には幼稚園教育要領および保育所保育指針が改定され，以上のような法整備や答申に基づいて，特別な支援を必要とする子どもに対して適切な配慮をするだけではなく，個別の支援計画を作成するなど今まで以上にきめ細かい対応が求められるようになった。

② 診断を受けていなくても「気になる」子ども

　幼児の場合，日常生活において何らかの問題を抱えていたとしても，それが発達障害によるものなのか，それとも一時的なものなのかを判断することが難しいため，はっきりと診断を受けるケースは少ない。しかし，幼稚園や保育園では周りの子どもに比べて指示が通りにくかったり，落ち着きがなかったりと「気になる」特徴は現れていることが多い。

　このような発達障害が疑われる「気になる」子どもの中には，対人関係に困難を抱える子どもも存在する。集団生活場面において，どのようにして友達と接したらいいのかを自

然に身につけることが難しい場合，その子どもが適切なソーシャルスキルを身につけることができるような環境を設定して指導を実施する必要がある。例えば，集中力が続かない子どもの場合には実施時間を短くする，人数が多いと指示を理解することが難しい場合には少人数で実施する，言葉の理解が難しい場合には絵を使用するなどの工夫が考えられるだろう。

本章では発達障害が疑われる幼児2名に対して，保育園において個別のソーシャルスキルの指導を実践した事例を紹介する（なお，本稿は野口美幸・佐藤容子（2004）「発達的リスクをもつ幼児に対するソーシャルスキルトレーニング」『LD研究』13（2），163-171．に加筆・修正を行った）。

第2節　全体計画

① 対象となった子どもの様子

A児は年長クラスに在籍する6歳の男児であった。担任保育士より，A児はクラスの友達と遊ぶ際に乱暴な振る舞いが多いために友達から敬遠され，休み時間などに一人でいることが多いという報告があった。また，担任保育士の指示に対してわざと違うことをする，教室を出て行くことはないがじっとしていられないなどの，気になる面も見られるということであった。

B児は年長クラスに在籍する6歳の女児であった。いつも不安そうな様子を見せており，自分から積極的に行動したり自由遊びの時間に友達とやりとりをしたりすることが少ないという報告があった。また，自分から積極的に動くことがほとんどないので，指示を理解しているのか，周りを見て同じように行動しているのかはわからないということであった。

② 標的スキル

A児とB児が自由遊び時間に友達と遊びたいときは楽しく遊ぶことができるようになるという目標を立て，その目標を達成するために必要なソーシャルスキルを検討し選定した。A児とB児は共通して友達の遊びグループに入る，友達の使っているものを借りる，友達にはたらきかけたり友達のはたらきかけに応答したりすることに困難を抱えていた。A児はこれらの行動を攻撃的に行ってしまうため友達に敬遠されてしまうという状態であり，B児はこれらの行動をほとんど行っていなかった。そこで，「遊びグループに

入れてもらう」「ものを貸してもらう」「上手なはたらきかけと応答」を標的スキルとした。指導の全体計画を表1に示す。

3 指導の概要

（1）設定小集団場面での指導

設定小集団場面では、「遊びグループに入れてもらう」を4セッション、「ものを貸してもらう」を3セッション、「上手なはたらきかけと応答」3セッションの計10セッション指導を行った（図1）。設定小集団場面では、SSEの対象となったA児とB児のほかに、毎回2〜3名の子どもに協力してもらい、5名程度の小集団で指導を行った。

指導は、保育園の自由遊びの時間に対象となった子どもを集め、1名のトレーナー（大学院生）が1回につき10〜15分程度のプログラムを週に2回実施した。設定小集団場面では、新しいスキルを知ることと、スキルを使いやすいように工夫されたゲームを通じてスキルを実行してみることを目標とした。

（2）自由遊び場面での指導

設定小集団場面で1つ目のスキル（遊びに入れてもらう）の指導が終了したあと、第5回目からは自由遊び場面での指導を開始した。保育園の自由遊びの時間に、トレーナー1名がA児とB児の様子を見ながら、設定小集団で指導したスキルを使用することができる場面でスキルの実行を促し、上手にスキルを実行したときには賞賛しながら簡単にフィードバックを行った。

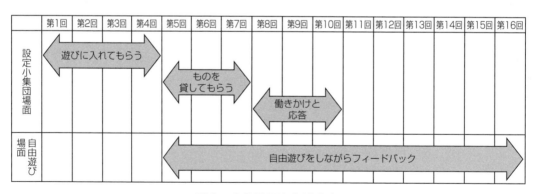

図1　全体計画と指導内容

第3節 実践の内容（抜粋）

① 遊びに入れてもらう（第1～4回）

（1）指導のねらい

　A児，B児共に，自由遊び場面において一人で時間を過ごしていることが多かった。2人とも一人で遊ぶのが好きというよりも，お友達が気になって周りをうろうろしたりじっと見たりしているけれども，どうしたらいいのかわからずに輪に入ることができないという様子が何度も見られた。そこで，遊びグループに入る方法を指導し，自由遊び場面で楽しく遊ぶことができるようになることを目指した。

（2）準備物

- 問題場面提示で使用する紙芝居（表1）
- スキルのポイントが書かれた紙
- ゲームに必要な遊具（指導案では風船）

表1　「遊びに入れてもらう」で使用する紙芝居の概要

- あれあれ？　○○ちゃんが困った顔をしているよ。どうしたのかな？
- お友達の遠くで，一人で下を向いているね。
- 本当はお友達と遊びたいんだって。お友達と遊べるといいね。○○ちゃんはどんなところがよくなかったかな？

（3）展開の概要

　「遊びグループに入れてもらう」の指導案をP151に示した。初めは問題提起，適切なスキルのモデリング，ポイントの説明に重点を置き，回が進むにつれてゲームによる練習に重点が移るのは「ものを貸してもらう」と同様であった。また，ゲームをしている間に子どもたちが少しでもスキルを実行していたら，それがほかの子どもにとって当たり前にできることであったとしても十分にほめて，スキルを実行する意欲を引き出すようにした。

② ものを貸してもらう（第5～7回）

（1）指導のねらい

　ものの貸し借りは，最も子ども同士のけんかやトラブルになりやすいきっかけの一つである。適切なものの借り方を知らない子どもは，何も言わずに，もしくは叩いたり乱暴な言葉を使ったりしてほかの子が持っているものを取ってしまうことがある。また，ものを貸してもらうときに適切なスキルを実行したとしても，相手の都合によっては貸してもらえないという状況が起こりうる。そこで，貸してもらえないときの対処方法も含めて指導

を行った。

(2) 準備物

- 問題場面提示で使用する紙芝居（表2）
- スキルのポイントが書かれた紙
  （字が読めなくてもわかるように絵も使用する）
- 借りものゲームをするためのおもちゃ

表2　「ものを貸してもらう」で使用する紙芝居の概要

> - あれあれ？　男の子が泣いてるよ。どうしたのかな？　聞いてみようね。
> - 「○○くんがこわーい顔をして、『おもちゃを貸さないと叩くぞ』と言っておもちゃを取ったの」
> - それはいやだったね。○○くんはどんなところがよくなかったかな。

(3) 展開の概要

「ものを貸してもらう」の指導案をP152に示した。子どもたちの集中力が続く時間を考慮し、10分～15分と短い時間で実施した。「ものを貸してもらう」の指導は4回行ったが、初回と2回目は問題場面の提示の紙芝居と適切なスキルのモデリング、スキルのポイントの説明に重点を置いて説明し、練習のためのゲームは簡単に実施した。3回目と4回目は問題場面の提示とモデリングは復習ができる程度に簡単に説明をし、ゲームを通した練習に重点を置いた。

③ 自由遊び場面での指導（第5～16回）

(1) 指導のねらい

設定小集団場面における指導でスキルを実行することができるようになっても、指導場面を離れた自由遊び場面などでスキルが発揮されるとは限らない。そこで、指導したスキルが自由遊び場面に般化するように、自由遊び場面でも指導とフィードバックを行った。

(2) 展開の概要

自由遊び場面での指導は、対象児が自由に遊んでいる場面でトレーナーが様子を見て、設定小集団場面で指導したスキルを発揮することができる状況で発揮していないときに、「なんて言うんだっけ？」「どんな顔だったっけ？」とヒントを出し、適切なスキルの発揮を促した。また、対象児が適切なスキルを実行したときには、「笑顔が上手だったね」などと具体的にできている点を言葉で表現してフィードバックを行いながらほめるようにした。

「遊びに入れてもらう」の指導案

	指導内容と子どもの様子	ポイントと留意点
導入	(1) 約束を伝え，確認する。 「はじめる前にお約束があります。先生の話を聴く，ふざけないです。できる人！」 (2) めあてを伝える。 「お友達と楽しく遊びたい人！　お友達と仲よく遊ぶのに大事なことがあります。これから一緒に練習しましょう」 (3) 問題場面を提示する。 　紙芝居を読んで，どこがよくなかったかを考える。 「どんなところがよくなかったかな？」 　・何も言ってなかった。　・下を向いてた。	・約束を復唱させる。 ・問いかけと返事を通して参加への意欲を高める。 ・子どもからこうしたらいいという提案が出ることもある。
展開	(4) 適切なスキルのモデルを見せる。 　トレーナー1名（遊びに入れてもらう役）と参加している子ども2名（遊びに入れてあげる役）が上手に遊びグループに入れてもらうモデルを見せる。 「どんなところが上手でしたか？」 (5) 適切なスキルのポイントを確認する。 ①お友達に近づく。 ②大きな声で「入れて」と言う。 (6) ゲームを通した練習をする。 　輪になって風船を使ったキャッチボールをしながら遊びに入れてもらう練習をする。スキルのポイントを実行できていないときは「なんて言うんだっけ？」「どんな声だっけ？」などとヒントを出し，実行できているときは賞賛する。	・モデルのどんなところがよかったのかを考えさせて発表してもらう。 ・スキルのポイントが書かれた紙を掲示し，復唱させる。 ・上手にできていたら十分にほめる。
まとめ	(7) 振り返り 　もう一度スキルのポイントを確認しておく。 「遊びに入れてほしいときはどうしたらいいんだったかな？」 (8) 日常場面での実行を奨励する。 「こんど遊んでいるときに『入れて』ってお願いするときは，お友達の近くに行って，大きな声で言おうね」	・ポイントを復唱させる。

「ものを貸してもらう」の指導案

	指導内容と子どもの様子	ポイントと留意点
導入	（1）約束を伝え，確認する。 「はじめる前にお約束があります。先生の話を聴く，ふざけない，です。できる人！」 （2）めあてを伝える。 「お友達と楽しく遊びたい人！　お友達と仲よく遊ぶのに大事なことがあります。これから一緒に練習しましょう」 （3）問題場面を提示する。 　紙芝居を読んで，どこがよくなかったかを考える。 「どんなところがよくなかったかな？」 　・恐い顔をしていた。　・叩いたらだめ。	・約束を復唱させる。 ・問いかけと返事を通して参加への意欲を高める。 ・子どもからこうしたらいいという提案が出ることもある。
展開	（4）適切なスキルのモデルを見せる。 　トレーナー1名と参加している子ども1名で上手にものの貸し借りをしているモデルを見せる。 「どんなところが上手でしたか？」 （5）適切なスキルのポイントを確認する。 ①やさしい声で「貸して」「いいよ」 ②にこっとして ③貸してくれなかったら，「またあとで貸してね」と言う。 （6）ゲームを通した練習をする。 　借りものゲームを行い，スキルのポイントを実行できていないときは「どんな顔だっけ？」「どんな声だっけ？」などとヒントを出し，実行できているときは賞賛する。	・モデルのどんなところがよかったのかを考えさせる。 ・スキルのポイントが書かれた紙を掲示し，復唱させる。 ・上手にできていたら十分にほめる。
まとめ	（7）振り返り 　もう一度スキルのポイントを確認しておく。 「おもちゃを貸してほしいときはどうしたらいいんだったかな？」 （8）日常場面での実行を奨励する。 「お友達と遊んでいるときに『貸して』ってお願いするときは，やさしい声で，にこっとして『貸して』と言おうね」	・ポイントを復唱させる。

第4節 成果と課題

① 行動観察の結果

　実施前と実施後における対象児の行動の変化を査定するために，自由遊び場面において行動観察を行った（表3）。A児は実施前から実施後にかけて友達とやりとりをしながら一緒に遊ぶ「協調遊び」が増加し，指導終了1か月後も協調遊びの増加は維持されていた。また，実施前に観察されていた「何もしない」が実施後以降はほとんど見られなくなった（図2）。

　B児については指導後に引っ越しが予定されていたため，指導終了1か月後の査定は行われなかった。「協調遊び」が実施前から実施後にかけて増加し，実施前に観察された「何もしない」は実施中にほとんど観察されなくなったが，実施直後にわずかに観察された（図3）。

表3　行動観察の内容

カテゴリー	子どもの様子
何もしない	一人でいて何もしていない
一人遊び	一人で固定遊具やおもちゃなどで遊ぶ
平行遊び	友達の近くで類似した遊びや活動をする（友達とのやりとりなし）
協調遊び	友達の近くで類似した遊びや活動をする（友達とのやりとりあり）
けんか	友達とけんかする
移動・その他	先生に話しかける，水を飲みに行くなど，上記のカテゴリーに該当しないもの

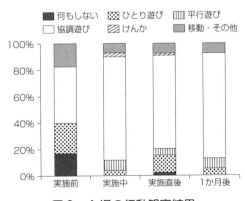

図2　A児の行動観察結果

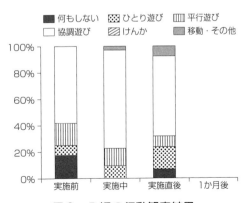

図3　B児の行動観察結果

❷ ソーシャルスキル尺度の結果

　実施前と実施後における対象児のソーシャルスキルの変化を査定するために，渡邊ら（1999）が作成したソーシャルスキル尺度を使用し，担任保育士に対象児についての評価を依頼した。この尺度はソーシャルスキル領域と問題行動領域に分かれており，ソーシャルスキル領域は，社会的はたらきかけ（8項目），自己コントロールスキル（5項目），協調スキル（5項目），教室活動スキル（5項目）の4つの下位尺度から構成され，問題行動領域は不安・引っ込み思案（6項目），攻撃・妨害（5項目），不注意・多動（4項目）の3つの下位尺度から構成されている。これらの項目について「まったくみられない（1点）」〜「非常によくみられる（5点）」の5段階で評価を行った。

　A児は協調スキルと教室活動スキルの得点が実施前から終了1か月後にかけて増加していた（図4）。B児は，実施前から実施後にかけて社会的はたらきかけと教室活動スキルの得点が増加していたが，協調スキルの得点は低下していた（図5）。

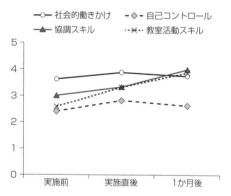

図4 A児のソーシャルスキル尺度得点（ソーシャルスキル領域）

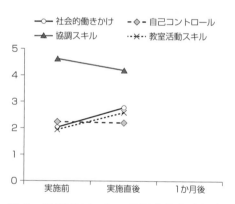

図5 B児のソーシャルスキル尺度得点（ソーシャルスキル領域）

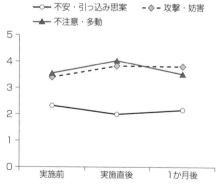

図6 A児のソーシャルスキル尺度得点（問題行動領域）

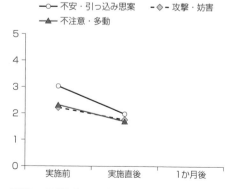

図7 B児のソーシャルスキル尺度得点（問題行動領域）

A児の問題行動領域の結果をみると，すべての下位尺度において大きな変化がみられなかった（図6）。一方，B児については，すべての下位尺度で得点が低下していることが示された（図7）。

③ ソーシャルスキル教育の成果

SSEの実施前に，友達と遊ぶことが少ないと報告されていたA児とB児は，実施後には友達とやりとりをしながら遊ぶ協調遊びの時間が増え，担任保育士の評定によるソーシャルスキル領域の一部の下位尺度で得点が増加していた。また，B児については問題行動領域の得点も減少していた。

以上の結果から，A児とB児が自由遊び時間に友達と遊びたいときは楽しく遊ぶことができるようになるという目標を達成することができたと考えられる。

また，A児については，協調遊びの増加や協調スキルと教室活動スキルの得点の増加が，SSEが終了した1か月後まで維持されていたことから，SSEが終了してしばらく時間が経過しても，ソーシャルスキルが改善したままその効果が維持されることも明らかとなった。

筆者らが対象児の行動観察を続けていると，SSEで学んだスキルを友達に使ってみるのを楽しんでいる様子が見られた。身につけたスキルを使用してうまくいったり，ほめられたりするという経験によって，子どもたちの保育園での生活がより楽しいものになったことは最大の成果だといえるだろう。

④ 今後の課題

本実践では，保育園の園長と勤務する保育士に対して実践内容の説明を行ったうえで，SSEそのものは大学院生が実施した。日常的にSSEの実践を行い，その実践を継続させるためには保育者の手でSSEを実践していくことが求められる。しかし，発達障害の特性に合わせたSSEの指導を考える際には，園だけではどうしても人的資源や時間的資源が不足することが多い。そこで，大学で幼児教育や障害児教育を専門に学んでいる学生がボランティアとして指導に参加するといった体制づくりも必要となるだろう。

◆ 引用文献
- 厚生労働省（2008）「保育所保育指針」
- 中央教育審議会（2005）「特別支援教育を推進するための制度の在り方について（答申）」
- 文部科学省（2008）「幼稚園教育要領」
- 渡邊朋子・岡安孝弘・佐藤正二（1999）「幼児用ソーシャルスキル尺度の標準化に関する研究」『第25回日本行動療法学会大会発表論文集』104-105頁.

■ 編著者紹介

佐藤正二 さとう・しょうじ　　　　　　　　　　　編集, P8～21

宮崎大学教育文化学部教授。広島大学大学院博士課程前期修了。著書に『臨床心理学：ベーシック現代心理学8』（有斐閣），翻訳に『子どもの対人関係：社会的スキル訓練の実際』（岩崎学術出版社），『子ども援助の社会的スキル』（川島書店），『認知行動療法を活用した子どもの教室マネジメント』（金剛出版）など。
e0c204u@cc.miyazaki-u.ac.jp

金山元春 かなやま・もとはる　　　　　　　　　　P22～31, P116～124

高知大学教育研究部人文社会科学系教育学部門准教授　kanayama@kochi-u.ac.jp

福島裕子 ふくしま・ひろこ　　　　　　　　　　　P34～91

宮崎大学教育文化学部附属幼稚園教頭　e0g403u@cc.miyazaki-u.ac.jp

髙橋高人 たかはし・たかひと　　　　　　　　　　P92～103

宮崎大学教育文化学部准教授　takahito@cc.miyazaki-u.ac.jp

清水寿代 しみず・ひさよ　　　　　　　　　　　　P106～114, P126～134

広島大学大学院教育学研究科附属幼年教育研究施設准教授　hisayos@hiroshima-u.ac.jp

磯部美良 いそべ・みよし　　　　　　　　　　　　P136～145

武庫川女子大学短期大学部幼児教育学科准教授　isobe@mukogawa-u.ac.jp

佐藤美幸 さとう・みゆき　　　　　　　　　　　　P146～155

京都教育大学教育学部講師　misato@kyokyo-u.ac.jp

以上，2015年8月現在

実践！ソーシャルスキル教育
幼稚園・保育園

2015年11月20日　初版第1刷発行　［検印省略］

著　者　Ⓒ佐藤正二
発行人　福富　泉
発行所　株式会社 図書文化社
　　　　〒112-0012　東京都文京区大塚1-4-15
　　　　Tel. 03-3943-2511　Fax. 03-3943-2519
　　　　振替　00160-7-67697
　　　　http://www.toshobunka.co.jp/
DTP　　株式会社 Sun Fuerza
印刷・製本　株式会社 厚徳社

乱丁・落丁本の場合はお取り替えいたします。
定価はカバーに表示してあります。
ISBN 978-4-8100-5664-8　C3337

JCOPY 〈(社)出版者著作権管理機構 委託出版物〉
本書の無断複写は著作権法上での例外を除き禁じられています。
複写される場合は，そのつど事前に，(社)出版者著作権管理機構（電話 03-3513-6969,
FAX 03-3513-6979, e-mail: info@jcopy.or.jp）の許諾を得てください。

構成的グループエンカウンターの本

必読の基本図書

構成的グループエンカウンター事典
國分康孝・國分久子総編集　Ａ５判　本体6,000円＋税

教師のためのエンカウンター入門
片野智治著　Ａ５判　本体1,000円＋税

自分と向き合う！究極のエンカウンター
國分康孝・國分久子編著　Ｂ６判　本体1,800円＋税

エンカウンターとは何か　教師が学校で生かすために
國分康孝ほか共著　Ｂ６判　本体1,600円＋税

エンカウンター スキルアップ　ホンネで語る「リーダーブック」
國分康孝ほか編　Ｂ６判　本体1,800円＋税

構成的グループ
エンカウンター事典

目的に応じたエンカウンターの活用

エンカウンターで保護者会が変わる　小学校編・中学校編
國分康孝・國分久子監修　Ｂ５判　本体 各2,200円＋税

エンカウンターで不登校対応が変わる
國分康孝・國分久子監修　Ｂ５判　本体2,400円＋税

エンカウンターで学級づくりスタートダッシュ　小学校編・中学校編
諸富祥彦ほか編著　Ｂ５判　本体 各2,300円＋税

エンカウンター　こんなときこうする！　小学校編・中学校編
諸富祥彦ほか編著　Ｂ５判　本体 各2,000円＋税　ヒントいっぱいの実践記録集

どんな学級にも使えるエンカウンター20選・中学校
國分康孝・國分久子監修　明里康弘著　Ｂ５判　本体2,000円＋税

どの先生もうまくいくエンカウンター20のコツ
國分康孝・國分久子監修　明里康弘著　Ａ５判　本体1,600円＋税

10分でできる　なかよしスキルタイム35
國分康孝・國分久子監修　水上和夫著　Ｂ５判　本体2,200円＋税

エンカウンターで
保護者会が変わる
（小・中）

多彩なエクササイズ集

エンカウンターで学級が変わる　小学校編　中学校編　Part1～3
國分康孝監修　全3冊　Ｂ５判　本体 各2,500円＋税　Part1のみ 本体 各2,233円＋税

エンカウンターで学級が変わる　高等学校編
國分康孝監修　Ｂ５判　本体2,800円＋税

エンカウンターで学級が変わる　ショートエクササイズ集　Part1～2
國分康孝監修　Ｂ５判　①本体2,500円＋税　②本体2,300円＋税

エンカウンターで学級が変わる
（小・中・高）

〒112-0012　東京都文京区大塚 1-4-15　図書文化　TEL. 03-3943-2511　FAX. 03-3943-2519
ブックライナーで注文可　0120-39-8899

友達をヘルプするカウンセリング

ピアヘルパー ハンドブック

 特定非営利活動（NPO）法人
日本教育カウンセラー協会 編
A5判・144頁　●本体**1,500**円（＋税）

大学生・短大生向けに，ピアヘルパーとして身につけておくべき知識とスキルをまとめた初のテキストです。「ピアヘルパー」は日本教育カウンセラー協会の認定資格で，本テキストは加盟校にて実施される認定試験の出題範囲となっています。カウンセリングの基礎をやさしく学びたい場合の入門書としても最適です。

■おもな目次

第1章　カウンセリング概論　1　導入・構成的グループエンカウンター　2　カウンセリングの定義と略史と必要性　3　カウンセリングの種類　4　ピアヘルピングと近接領域の関係　5　ピアヘルピングのプロセス　6　ピアヘルパーのパーソナリティ　7　最近のカウンセリングの動向

第2章　カウンセリングスキル　1　ピアヘルピングの言語的技法①　2　ピアヘルピングの言語的技法②　3　ピアヘルピングの非言語的技法　4　対話上の諸問題への対処法　5　問題への対処法　6　ピアヘルパーの心がまえ　7　ヘルピングスキルの上達法

第3章　青年期の課題とピアヘルパーの留意点　1　ピアヘルパーの責任範囲と留意点　2　進路領域　3　学業領域　4　友人領域　5　グループ領域　6　関係修復領域　7　心理領域

●さらに「教育カウンセラー」をめざす人へ

新版 教育カウンセラー標準テキスト

初級編・中級編・上級編　　B5判●本体各**3,300**円

教育カウンセリングとは，子どもが発達途上に経験する適応，学業，進路などの諸問題について，その解決をめざして行う予防，開発的な援助です。このテキストは，教育カウンセラーが「何を知っているか，何を知らないか」「何ができるか，何ができないか」を体系的に学ぶものです。

図書文化

※定価には別途消費税がかかります

ソーシャルスキル教育の関連図書

ソーシャルスキル教育で子どもが変わる［小学校］

國分康孝監修　小林正幸・相川充 編　　B5判 200頁　**本体2,700円**

友達づきあいのコツとルールを楽しく体験して身につける。①小学校で身につけるべきソーシャルスキルを具体化、②学習の手順を段階化、③一斉指導で行う具体的な実践例、をまとめる。

実践！ ソーシャルスキル教育［小学校］［中学校］

佐藤正二・相川充 編　　B5判 208頁　**本体各2,400円**

実践の事前，事後にソーシャルスキルにかかわる尺度を使用し，効果を検証。発達段階に応じた授業を，単元計画，指導案，ワークシートで詳しく解説。

育てるカウンセリング実践シリーズ②③
グループ体験によるタイプ別！学級育成プログラム ［小学校編］［中学校編］

－ソーシャルスキルとエンカウンターの統合－

河村茂雄 編著　　B5判 168頁　**本体各2,300円**

●主要目次：心を育てる学級経営とは／基本エクササイズ／学級育成プログラムの6事例

いま子どもたちに育てたい
学級ソーシャルスキル〔小学校低〕〔小学校中〕〔小学校高〕〔中学校〕

河村茂雄・品田笑子 ほか 編著　　B5判 208頁　**本体各2,400～2,600円**

「みんなで決めたルールは守る」「親しくない人とでも区別なく班活動をする」など，社会参加の基礎となる人間関係の知識と技術を，ワークシート方式で楽しく身につける。
●主要目次：学級ソーシャルスキルとは／学校生活のスキル／集団活動のスキル／友達関係のスキル

社会性を育てるスキル教育35時間　小学校全6冊／中学校全3冊

－総合・特活・道徳で行う年間カリキュラムと指導案－

國分康孝監修　清水井一 編集　　B5判 約160頁　**本体各2,200円**

小学校1年生で身につけさせたい立ち居振る舞いから，友達との関係を深め，自分らしさを発揮しながら未来の夢を探る中学3年生まで。発達段階に応じてこころを育てる。

学級づくりがうまくいく
全校一斉方式ソーシャルスキル教育［小学校］

－イラストいっぱいですぐできる指導案と教材集－

伊佐貢一 編　　B5判 168頁　**本体2,500円**

全校一斉方式だから，学校規模で取り組みやすい。①いつもの全校集会をアレンジするだけ。②毎月の生活目標と連動させれば効果UP。③1回だけのお試し実施や，学年集会での実施も。

図書文化

※定価には別途消費税がかかります